나를 다스리는 마음 처방전

나를 다스리는

마음 처방전

나를 다스리는
마음 처방전

알루보물레 스마나사라 지음 | 신선희 옮김 | 장운갑 편역

❖❖ 차례 ❖❖

Part 5 마음을 키워야 한다

몸의 모든 행동은
마음의 명령으로 움직이고 있다
그리고 마음이 명령만 한다면
모든 일도 해낼 수 있다
이 책은 그러한 관점으로
마음을 가꾸도록 우리를 인도한다
아울러 우리의 마음이 병들었는지를
진단하고 치유해주고 있다

Part 1

마음이란 무엇인가

'살아 있다.' 는 것은 '마음이 활동하고 있다.' 는 것이다.

몸은 기계처럼 만들어져 있기 때문에,

때로는 반사적인 기능도 하지만 그것만으로는 살아갈 수 없다.

항상 '손을 들고 싶다.', '말하고 싶다.', '자고 싶다.',

'일어나고 싶다.' 라는 의사가 있음으로써 행동하고 있다.

마음이 있기 때문에 '나.' 라고도 말할 수 있는 것이다.

'마음이 빠져나간 몸' 은 단순한 물체에 지나지 않는다.

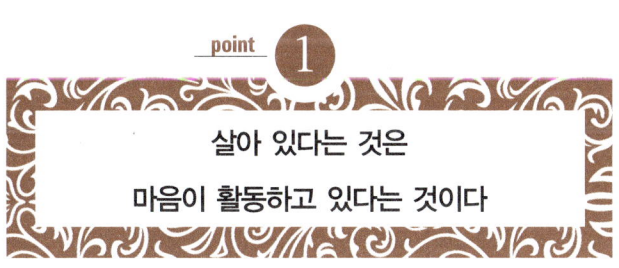

살아 있다는 것은
마음이 활동하고 있다는 것이다

　우리는 흔히들 '마음, 마음' 하고 외칩니다. 하지만 진정으로 마음이란 어떤 것인지 전혀 모르는 것 같습니다. 그렇다면 도대체 '마음'이라는 것은 어떤 것인지 여러분은 대답할 수 있을까요? 여러 사람에게 물어보지만, 속 시원하게 대답다운 대답을 들은 적이 없을 것입니다.

　마음의 문제를 정확히 이해하기 위해서는 근본적으로 '마음'이 어떤 것이며, 왜 문제가 되고 있는지 한번 생각해 보아야 합니다. 우선 기억해 두어야 할 것은 '우리는 마음으로 살고 있다.'라는 것입니다. 인간은 밥을 먹지 않으면 죽고 말지만, 밥이 있어도 마음이 없으면 근본적으로 '먹는다.'는 행위가 성립되지 않습니다. 밥보다 마음이 먼저인 것입니다. 우리 몸이 하는 행동의 그 모든 것은 마음의 명령에 따라 움직이고 있습니다. 마음이 없으면 손가락 하나 움직일 수 없습니다. 말하는 것도 눈꺼풀을 감는 것도 할 수 없습니다. 젓가락을 올렸다 내렸다 하는 것도, 고기나 야채를 씹는 것도 할 수 없습니다.

이렇듯 우리는 마음으로 살고 있습니다.

다시 말해서 '살아 있다.'는 것은 '마음이 활동하고 있다.'는 것입니다.

몸은 기계처럼 만들어져 있기 때문에, 때로는 반사적인 기능도 하지만 그것만으로는 살아갈 수 없습니다. 항상 '손을 들고 싶다.', '말하고 싶다.', '자고 싶다.', '일어나고 싶다.'라는 의사가 있음으로써 행동하고 있습니다. 마음이 있기 때문에 '나.'라고도 말할 수 있는 것입니다.

'마음이 빠져나간 몸'은 단순한 물체에 지나지 않습니다. 몸이라는 것은 단순히 고깃덩어리에 불과하기 때문에 마음이 빠져버리면 그 순간부터 썩기 시작합니다. 그리므로 우리는 시체라고 히는 빈껍데기를 아무렇지 않게 태워 버릴 수 있는 것입니다. 죽어서는 단지 필요 없는 물체에 지나지 않기 때문에 태워 버리는 것입니다. 재산이나 법적 권리 역시 모두 마음이 있을 때만 가능하며 살아 있는 동안뿐입니다. 죽어 버리면 그 순간부터는 아무런 권리도 없습니다.

우리 몸이 하는 행동의 그 모든 것은 마음의 명령에 따라 움직이고 있으며 마음이 없으면 손가락 하나조차 움직일 수 없다.

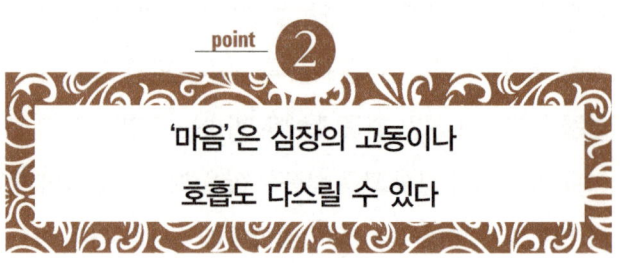

'마음'은 심장의 고동이나
호흡도 다스릴 수 있다

마음은 심장의 고동이나 호흡도 다스릴 수 있습니다. 그러므로 마음이 안정되면 심장이 움직이는 속도까지 자유자재로 할 수 있습니다. 설사 호흡이 정지되어도 마음으로는 다른 일을 하는 것도 가능합니다.

의학적으로는 호흡이 정지되면 죽은 것으로 판명합니다. 그러나 마음이 아주 바빠 집중하여 다른 것을 하고 있을 때에는 호흡도 멈춥니다. 다시 말하면 정말로 정지하는 것이 아니라 심장의 고동이나 호흡이 알지 못할 정도로 약해져 있는 상태입니다.

혈액은 정확히 순환하고 있습니다. 마음은 하려고 하면 거기까지 다스리는 힘을 가지고 있습니다.

마음이 내리는 명령에 거역할 수 있는 사람은 단 한 사람도 없습니다. 거역하려고 해도 절대로 할 수 없을 것입니다.

여러분은 하루에 몇 번씩 식사를 할 것입니다. 그때 무엇을 먹을 것인지 결정하는 것은 마음입니다. 메밀을 먹고 싶으면 메밀을 먹습니다. '메밀을 먹고 싶어서 우동으로 정했다.'고 말하는 사람은 없을 것입니다.

무엇을 먹을 것인가를 결정하는 것이라면 문제가 없겠지만, 인간이기 때문에 마음이 시키는 대로 한 탓에 고생하거나 불행해지기도 합니다. 그러므로 산다는 것은 힘든 것입니다.

예를 들어 '저 험준한 산에 올라가 보고 싶다.'고 마음이 생각했다면 위험해도 올라가 버립니다. 마음에 들고, 꼭 갖고 싶은 물건이 있으면 자신에게 별로 필요하지 않아도 빚을 내서라도 삽니다.

인간은 마음이 명령을 하면 그 이떤 일이리도 시키는 대로 해 버리는 하나의 생물인 것입니다.

마음이 내리는 명령에 거역할 수 있는 사람은 단 한 사람도 없다. 거역하려고 해도 절대로 할 수 없다.

우리는 '마음의 노예' 다

우리가 살아 있는 동안에 행동하는 것은 모두 그 주인인 '마음' 입니다.

일찍이 석가모니는 '생명은 마음을 인도하고 마음을 관리하고 있다. 마음이 시키는 대로 생명은 살고 있으며, 마음이라는 유일한 것은 모든 것을 장악하고 있다.' 라고 하였습니다.

우리는 결국 '마음의 노예' 인 것입니다. 나에게는 아무런 독립성도 없고, 사유롭게 살고 있지도 않습니다. 때문에 '종교의 신은 무엇인가?' 하고 묻는다면 '마음입니다.' 라고 대답할 것입니다. '거역할 수 없다.' 라는 점에서 마음은 일신교적인 신과 같기 때문입니다.

그리하여 불교에서는 '천국에 있으면서 인간으로서는 인식할 수 없는 극히 초월한 뭔가' 에게 우리들이 만들어져 보호받고 있다는 말은 전혀 없습니다. 대신 극히 구체적으로 '우리는 마음에게 지배되어 마음이 시키는 대로 살고 있다.' 라고 분명히 명시하고 있습니다. 매우 과학적인 사고방식이 아닌가요?

우리는 마음의 노예입니다.

종교의 신이 무엇이냐고 묻는다면 '마음입니다.' 라고 대답할 것이다. '거역할 수 없다.' 라는 점에서 마음은 일신교적인 신과 같기 때문이다.

마음은 몸보다 약하다

　어떤 나라에든 왕이나 대통령, 혹은 총리가 있습니다. 한 나라에서 제일 강하고 신분이 제일 높은 사람입니다. 그러나 그러한 사람이야말로 제일 약하고 마음이 여립니다.

　왜 그럴까요?

　그런 입장에 있는 사람은 혼자 훌쩍 밖으로 나가서 쇼핑 따위는 생각할 수 없습니다. 공저든 궁전이든 그 장소에서 조금이라도 나가려면 군인이나 경호원이 칠통같이 경호를 합니다. 만약 혼자서 밖으로 나가면 생명이 위태

롭기 때문입니다.

내가 태어난 스리랑카에서도 대통령이 어디를 갈 때는 대개 3개월 전부터 행선지의 경비를 강화합니다. 그리고 당일은 대체로 8킬로미터 정도의 범위에서 교통을 통제하고 신원이 불확실한 사람은 그 누구라도 들어갈 수 없게 합니다.

생각해 보면 이상합니다. 나라를 관리하고 독재적인 권한이나 법률을 만들 수 있을 정도의 실력자인데, 혼자서는 밖에도 나갈 수 없고 설혹 나가게 되면 생명이 위태롭습니다.

아직까지 대신이나 총리가 혼자서 백화점에 가서 물건을 샀다거나 슈퍼마켓에서 물건을 샀다고 하는 말은 듣지 못했습니다. 요컨대 그런 사람들은, 실은 우리들보다 훨씬 약한 것입니다.

제일 강하고 신분이 높은데 제일 약합니다.

우리의 마음은 그런 것입니다. 마음은 인간의 모든 것을 다스리고 명령하고 있는데 아주 사소한 일에 부서져 버립니다. 매우 정중하게 보호하지 않으면 살아가는 것이 괴로워질 뿐이며, 언젠가는 살아 있을 수 없게 됩니다.

그러므로 우리들은 몸보다 마음을 보호해야 합니다. 몸을 보호하는 것은 그다지 중요하지 않습니다.

　몸이라는 것은 제법 강한 것이며 더위나 추위, 여러 가지 공격에도 견딜 수 있습니다. 단순한 물질이기 때문에 비록 상처를 입는다 해도 자연의 법칙으로 어떻게든 치료됩니다. 세균 같은 것이 들어간 경우에도 비록 시간은 걸리지만 결국은 낫습니다.

　그러나 마음은 다릅니다. 그런 식으로 간단히 저절로 치료되는 일은 없습니다. 대수롭지 않은 일로 큰 피해를 입고 산산조각으로 부서져 버리고 맙니다.

　복잡한 사회를 만들지 않은 동물에 비해 인간이 마음을 보호하는 것은 극히 어려운 일입니다.

　마음은 위대하면서도 극히 약해서 철저히 보호해야 하는 것입니다. 그렇게 하기 위해서 우리는 '마음을 보호하기 위한 프로그램'을 정확히 자신의 마음에게 가르쳐 주어야 합니다.

　마음은 왜 그렇게 약한 것일까요?

　힌 마디로 말해서 몹시 어리석기 때문입니다. 석가모니도 '정신적으로 건강한 사람은 없다. 모두 병자다.'라고 말했습니다.

마음이 뭔가를 원하면 그것밖에 보이지 않게 됩니다. '갖고 싶은 것을 어떻게든 잡고 싶다.'는 그런 마음입니다.

샤넬 백이 갖고 싶으면 왜 그것을 갖고 싶은지, 자신의 마음에게 물어보기 바랍니다. 아마도 알지 못할 것입니다. 하지만 역시 사지 않고는 못 배길 것입니다.

'붉은색을 좋아하기 때문에'라고 붉은 옷이나 붉은색으로 된 것들을 수집하는 사람도 있습니다. 그러나 그 사람에게 '왜 붉은색을 좋아하는가?' 하고 물어도 기대할 만한 대답은 얻지 못할 것입니다. 그 사람도 잘 모르기 때문입니다.

몇 번 시도해 보면 알 수 있겠지만 마음이라는 것은 지혜도 지식도 전혀 없으면서 뭔가 갖고 싶으면 '손에 넣어라.' 하고 명령할 뿐입니다.

마음은 위대하면서도 극히 약해서 철저히 보호해야 한다. 그렇게 하기 위해서 우리는 '마음을 보호하기 위한 프로그램'을 정확히 자신의 마음에게 가르쳐 주어야만 한다.

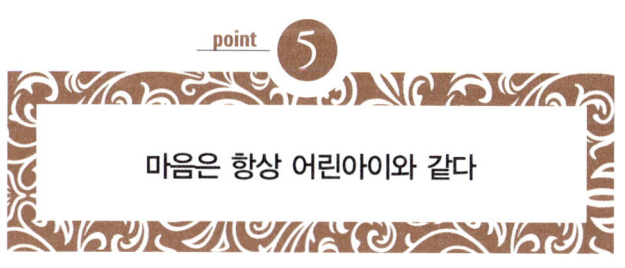

마음은 항상 어린아이와 같다

마음의 움직임이 명확히 보이는 것은 아이들의 세계
입니다. 아이가 뭔가 갖고 싶다고 말을 꺼냈을 때를 생각
해 보기 바랍니다. 무슨 말을 해도 듣지 않습니다. '그거
갖고 싶어.' 단지 그뿐입니다.

그러나 실은 어른도 마찬가지입니다. 갖고 싶은 것이
있다면 그것을 손에 넣기 위해서만 몰두합니다.

어떤 사람이 '억만장자가 되고 싶다.'고 생각했다고
가정합시다. 자신의 마음에 왜 억만장자가 되고 싶은가
하고 물어도 모릅니다. '돈만 있으면 무엇이든 할 수 있다.' 고 하거나 아무튼 이유 같은 것이 있다고 생각합니다. 그러나 그것은 진짜 이유가 아닙니다. 어린아이처럼 '갖고 싶다.' 단지 그것뿐입니다.

그리고 '아무튼 억만장자가 될 거다.' 하고 마음이 정해지면 무슨 짓을 할지 모릅니다. 최악의 경우는 살인도 할 것입니다.

하지만 그것으로 행복해지느냐 하면 전혀 행복해질 수 없습니다.

실제로 갖고 싶은 것만 좇는다고 행복해지는 것은 거의 없다. 왜냐 하면 욕심에 눈이 멀고 자신이 괴로워하거나 위험에 드러나 있다 해도 깨닫지 못하기 때문이다.

마음이 명령하면
몸에 나쁜 것도 먹는다

　마음의 명령으로 몸이 요구하지 않는 것을 먹는 경우가 흔히 있습니다. 예를 들면 '나는 이렇게 비싼 것밖에 먹지 않는다.' 또는 '나는 일등품인 이 고기밖에 먹지 않는다.', '나는 이 브랜드의 술 외에는 마시지 않는다.'는 등 잘난 체하며 말하는 사람을 가끔 보게 되는데, 이는 단순한 허영입니다.

　몸은 물론이고 일등품의 고기나 술이 아니더라도 문제없습니다. 이런 사람은 부모가 자신의 허영으로 길렀기 때문에 먹는 태도에 버릇이 되어 있는 경우가 많습니다.

음식의 값어치는 물론 영양과는 아무 관계가 없습니다. 하지만 이런 사람은 뭔가 그럴듯한 이유가 없으면 먹지 않습니다.

'정어리 따윈 싸기 때문에 먹지 않는다.'고 계속 말하고 있던 사람이 텔레비전에서 '정어리를 먹으면 모든 병이 낫는다.'고 방송하는 것을 보고 매일 정어리를 먹게 되었습니다. 그런데 며칠 지나자 '역시 싼 생선은 입에 맞지 않는다.' 하고 거들떠보지도 않게 됩니다. 그런가 하면 '나는 이런 것이 좋다.' 하고 자신이 좋아하는 것만을 대량으로 사들여서 항상 그 음식만 먹고 있는 사람도 있습니다.

이런 먹는 태도로 몸에 적절한 영양을 주었다고 말할 수 있겠습니까?

오히려 마음의 방자함을 만족시키기 위해 몸이 희생된 것과 같은 것입니다. 때문에 당연히 몸에는 해롭습니다. 그러나 마음이 아닌 몸으로써는 어떻게 해 볼 도리가 없습니다.

그 결과 몸은 완전히 병들게 됩니다. 차에 나쁜 연료를 넣은 것과 같은 것입니다.

사종에 따라 연료나 윤활유 등 무엇을 넣어야 할 것인지 정해져 있습니다. 기기에 잘못된 것을 넣으면 어떻게 되겠습니까? 잘못하면 고장 나서 움직이지 않게 되어 버릴 것입니다. 아무리 값비싼 것이라도 잘못되어 있었기 때문에 오히려 해가 되는 것입니다.

허세나 거만, 욕심으로 마음껏 먹고 병이 드는 것은 당연합니다. 병들었기 때문에 환부만 잘라 버린다는 것은 단순히 소 잃고 외양간 고치기입니다.

중요한 것은 몸이 요구하는 음식을 주는 것입니다. 값도 허영도 관계없이 몸에 필요한 것을 충분히 제공해주어야 합니다.

그런 까닭에 생활습관으로 인한 병도 근원을 밝힌다면 정신적인 문제라 할 수 있습니다. 물론 음식이 나빠서 본인으로서는 어떻게 할 도리 없이 암에 걸리는 경우도 있습니다.

그러나 그 나쁜 음식 역시 인간의 욕심에 의해 만들어진 것입니다.

사람의 생명을 생각하는 것이 아니라 인간의 욕심에 맞추어서 단지 맛있게 합니다, 모양을 곱게 만든다거나,

빨리 만든다거나 대량으로 만드는 이런 것들이 아무렇지 않게 행해지고 있습니다. 인간의 욕심을 위해서는 자연의 파괴도 태연히 할 수 있습니다.

무서운 일이지만 우리도 달리 먹을 것이 없다면 해로운 음식을 먹을 수밖에 없습니다.

그러므로 근본부터 문제를 해결하려고 하면 시간이 걸립니다. 문제가 될 때까지 걸린 것과 똑같은 시간이 필요합니다. 10년에 걸쳐 커진 뿌리의 깊은 문제를 한 달에 해결하려고 하는 것은 너무 자기중심적입니다.

허세나 거만, 욕심으로 마음껏 먹고 병이 드는 것은 당연하다. 중요한 것은 몸이 요구하는 음식을 제공해주어야 한다. 값도 허영도 관계없이 몸에 필요한 것을 충분히 제공해주어야 한다.

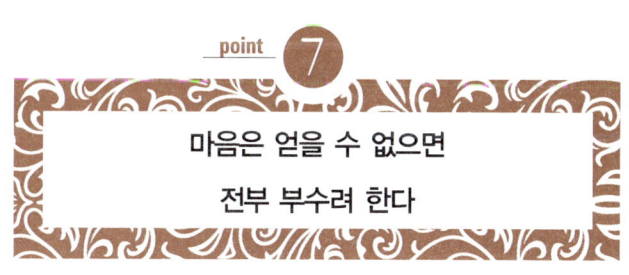

마음은 얻을 수 없으면
전부 부수려 한다

마음은 대단히 자기중심적이어서 '좋다.', '갖고 싶다.'라는 마음만으로 무슨 일이든 해서 뒤를 좇습니다. 알기 쉽게 말하면 '멍청한 바보' 입니다.

이것은 갓난아이와 아주 똑같다고 생각하면 될 것입니다.

예를 들면 갓난아이가 불꽃을 보면 다가가서 손을 내밀어 만지려고 합니다.

이이기 불이나 칼, '낫 따위의 날붙이 등을 좋아하는 것은, '번쩍번쩍 빛나고 곱기 때문에 저것을 만지고 잡아서 핥아보고 싶다.'고 생각하기 때문입니다. 모르는 것에 끌리는 것은 인간의 성품이며, 아이는 무엇이든 입으로 확인하지 않으면 성에 차지 않습니다.

그렇다고 해서 부엌에 있는 칼을 정말로 핥게 하는 사람은 없습니다. 아이가 멋대로 만지지 않도록 손이 닿지 않는 곳에 두어야 합니다.

불도 마찬가지입니다. 아이가 간단히 불을 붙이지 않도록 여러 가지 궁리를 합니다. 그렇게 하여 아이를 보호하고 있는 것입니다.

그렇다면 어른이 되면 어떨까요.

아이처럼 어른을 보호해 주는 사람은 없습니다. 물론 어른이 되면 얼마간 경험이 있고 칼을 핥으려고 하는 마음은 들지 않지만, 마음의 기능 자체는 전혀 달라지지 않고 어린아이 그대로입니다.

인간은 결국 죽을 때까지 계속 '저것이 좋다.', '저것을 갖고 싶다.'고 하는 마음뿐입니다. 그 희망을 이룰 것만을 생각하고 다른 것은 거들떠보지도 않습니다. 이치도 합리성도 모두 버리고 목적만을 노리고 달려갑니다.

그것을 얻으면 어떻게 될까, 선택한 길은 올바른 것인

가 하는 것은 전혀 생각하지 않습니다.

대신 바로 생각하는 것이 '제일 가까운 길은 어떤 길인가?' 하는 것입니다.

때문에 제일 가까운 길은 제일 위험합니다.

예를 들면 돈을 많이 갖고 싶다고 생각했을 때, 돈을 많이 가질 수 있는 제일 가까운 길은 강도짓일 것입니다.

인생 경험이 있는 사람이라면 '그것은 역시 위험하니까 장사라도 하자.' 라는 정도의 생각을 하지만 그래도 그 장사가 옳은지의 여부는 역시 생각하지 않습니다.

결국 '자신의 행동은 전혀 신뢰할 수 없는 것' 입니다. 자기중심적이고 지혜가 없는 마음의 명령에 거스르지 않는 이상, 나라는 인간은 언제 무엇을 해도 이상할 것이 없습니다.

이것을 정확히 명심해 두기 바랍니다. 그것만으로도 앞으로 설명하는 것이 도움이 될 것이며, 모든 일이 확실히 좋은 쪽으로 향합니다.

마음의 특징을 또 한 가지 소개합니다.

마음은 뜻대로 되지 않으면 반대 행동을 합니다. 좋아하는 것, 갖고 싶은 것을 향해 달리는 것을 방해하면 꽁

장히 파괴적이 되어 무서운 짓을 합니다.

인간은 언제나 무엇인가에 대한 희망이나 목적이 있어서 그것을 지향하며 살고 있습니다.

그러나 갑자기 그 목적을 달성할 수 없게 되는 경우도 흔히 있습니다. 그러면 마음은 큰 충격을 받아 파괴의 길로 치달립니다. '얻을 수 없다면 차라리 전부 부숴 버리자.' 라는 마음입니다. 이 길이 분명히 위험하다는 것은 알 것입니다.

지금은 대단히 온화하고 얌전한 사람이라도 자신의 희망을 이루지 못하거나 좋아하는 것이 자신으로부터 떨어져 나가거나 하면 틀림없이 몹시 심한 짓을 할 것입니다.

세상은 일반적으로 여성은 상냥하다고 말하고 있습니다. 그러나 그것은 자신이 희망한 대로 되고 있을 때뿐입니다. 자신이 좋아하는 것이 자신으로부터 도망치거나 변해 버리거나 했을 때 여성은 극히 무섭습니다.

항상 상냥한 성격의 사람이라도 자신의 희망이 이루어지지 않으면 무슨 짓을 할지 모릅니다. 사람의 마음은 그런 것입니다.

갑자기 그 목직을 달성할 수 없게 되는 경우도 흔히 있다. 그럴 때 마음은 큰 충격을 받아 파괴의 길로 치달린다. '얻을 수 없다면 차라리 전부 부숴 버리자.'라는 마음인 것이다.

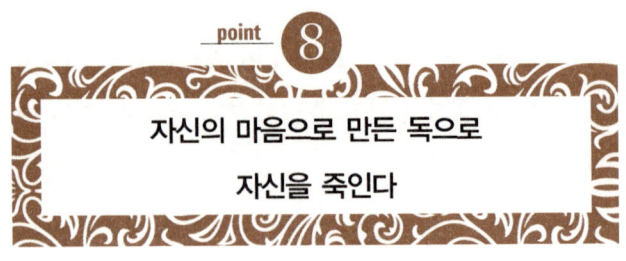

자신의 마음으로 만든 독으로
자신을 죽인다

인간이 산다는 것은 '좋아하는 것을 얻기 위해 행동한
다.', '얻을 수 없는 것이나 방해하는 것은 모두 부숴 버
린다.'는 것 중 어느 하나입니다. 우리들의 일상생활은
이 두 가지 에너지에게 지배되고 있습니다.

일반적으로는 마음이 파괴적인 에너지를 가졌을 때만
'저 사람은 약간 정신적으로 문제가 있다.'고 말하는데,
사실은 그렇지 않습니다. 욕심에 눈이 어두워져 건강하
게 살고 있는 동안에도 충분히 '문제'가 있습니다. 어느
길을 가도 위험한 것은 변함없습니다. 실패는 약속된 것

이나 다름없습니다.

한 나라의 총리를 무지하고 정신적인 병자로 선출하면 그 나라는 어떻게 될까요. 학교도 다닌 적이 없고 글씨도 쓰지 못하고 아무런 지혜도 없습니다. 정신적으로도 병든 사람입니다.

그런 나라는 위험해서 어찌할 도리가 없습니다.

그런데 여러분은 '자신'이라는 나라를 '자신의 마음'이라는 한 조각의 합리성도 없이, 머리가 나쁜 절대적인 지배자에게 맡기고 있는 것입니다. 그 마음에게 휘둘리고 있는 것도 깨닫지 못하고 빈둥빈둥 지내고 있는 것입니다.

석가모니가 '세상의 사람들은 전부 정신적으로 약하고 병들었다.'고 말한 것은 이런 이유에서입니다.

이제 파괴적 에너지에 대해서 좀 더 상세하게 설명하겠습니다.

자신의 희망대로 모든 일이 안 될 때의 마음을 생각하면 알겠지만, 힘이 있는 사람일수록 분노합니다. 그리하여 자신의 희망대로 되지 않으면 싸우거나 폭력을 행사하게 됩니다.

한마디로 세상 범죄의 대부분은 희망이 이루어지지 않을 때 일어나는 파괴적인 에너지가 원인입니다. 테러 나 납치 등 모든 일이 자신의 희망대로 되지 않기 때문에 행하는 것입니다. 자신이 좋아하는 여성이 전혀 거들떠 봐 주지 않으면 그 여인을 죽여 버리는 경우도 있습니다.

모든 일이 희망대로 되지 않으면 그 파괴적 에너지를 잘 생각하고 연구하여 다른 방법으로 자신의 목적에 도 달하는 경우도 있습니다. 그 경우도 자각은 없어도 분명 히 싸우고 있는 것입니다.

정치가가 그렇습니다. 한 당에서 자신이 뭔가 나쁜 짓 을 하다가 탄로 나면 다른 당으로 들어가 전에 있던 당을 비난하고 다시 분발하여 자신의 입장을 구축합니다. 거 기서 쫓겨나면 또 다른 곳으로 갑니다.

정치가는 파괴적 에너지를 연구하는 능력을 가지고 있습니다. 파괴 활동이나 폭력행위, 반대운동을 응원하 는 정치가도 있습니다.

심리학의 세계에서는 파괴적인 에너지로 움직이는 것 을 '병' 이라고는 하지 않습니다. '저 사람은 여러 곳에서 졌지만 잘 싸우고 분발하고 있다. 행동적으로 훌륭하다.’ 하고 오히려 칭찬합니다.

그런데 그것도 결국은 위험한 병입니다.

‘싸우는 마음’은 ‘어떤 의미에서는 승리에 대한 희망에 찬 상태’라고도 할 수 있는데 만약 싸우지 않을 때는 어떻게 될까요?

타인을 해하는 파괴적인 행위에는 힘이 필요합니다. 힘이 없고 부족한 경우에는 힘이 내향적으로 되어 은폐된 괴롭힘을 당하거나 자살을 생각하게 됩니다. ‘불쾌한 상황을 때려 부수고 싶다. 철저히 파괴하고 싶다.’라고 할 때 인간은 자기 자신을 파괴해 버리는 것입니다.

수류탄을 상대에게 던지려고 안전핀을 뽑았지만 그대로 들고 있는 것과 같은 것입니다. 10초 후 정도면 자신이 죽어 버립니다.

우울증이나 실조증 등 여러 가지 말로 표현되는 정신적인 병도 근원을 밝힌다면 전부 ‘분노의 에너지’입니다. 자신의 마음으로 만든 독으로 자신을 죽이고 있는 것입니다.

우리는 ‘자신’이라는 나라를 ‘자신의 마음’이라는 한

조각의 합리성도 없이, 머리가 나쁜 절대적인 지배자에게 맡기고 있다. 그 마음에게 휘둘리고 있는 것도 깨닫지 못하고 빈둥빈둥 지내고 있는 것이다.

물정을 인정해야 한다

옛날 사람들에게는 그다지 정신적인 병이 없었습니다. 왜냐 하면 자연 속에서 살고 있었던 관계로 '물정을 인정'한다는 것이 생활화되어 있었기 때문입니다.

'물정'이라는 것은 살아 있는 동안에 만나게 되는 갖가지 사항인데, 현대에 사는 우리는 그것을 인정하려들지 않습니다. 자신에게 불리한 것은 무엇 하나 인정하고 싶지 않은 것입니다.

태풍이 불어와도 피해를 입는 깃을 인정하고 싶지 않아서 어떻게 해서든 막으려고 합니다. 지진이 일어나도 사람이 죽는 것은 인정하고 싶지 않아서 어떻게든 피하려고 합니다. 병들었다는 것을 알게 되면 그것 역시 인정하고 싶지 않아서 고치려고 합니다.

옛날 사람들에게는 그런 발상이 없었습니다.

태풍이 불어오면 모두 끝장나 버린다든가, 가뭄 때는 작물이 모두 말라 죽어 버려도 그런 것을 그대로 인정하며 살았습니다.

이웃 나라가 전쟁 도발을 해 오면 모두 죽어 버리는데도, '슬프지만 그것도 어쩔 도리가 없다.' 는 마음가짐이었습니다. 자신에게 어찌할 수 없는 현상은 그대로 받아들인다는 것이 옛날 사람들에게는 당연한 것처럼 되어있었습니다.

그러나 오늘을 사는 현대인은 그것을 인정하지 못합니다. 게다가 받아들일 수 없을 뿐만 아니라 자신의 손으로 모두 조절할 수 있다고 생각하고 있습니다.

이쪽에서 뭔가를 억제하면 다른 곳에서 나오는 '두더지 두드리기' 와 같은 식으로, 완벽하게 조절하는 것이 무엇 하나 없으면서도 거기에 눈이 미치지 못합니다.

때문에 현대인의 그런 거만함이라 할까 '우리들은 뭐

든지 알고 있나. 무엇이든 할 수 있다.' 라는 하찮은 사고
방식만 버리면 정신적인 문제도 존재하지 않습니다.

　무엇이든 알고 있다든가 무엇이든 할 수 있다는 하
찮은 사고방식만 버리면 정신적인 문제도 존재하지 않
는다.

인간성을 극복해야 한다

일반적으로는 대개의 인간에 대해서 '별로 문제될 것이 없는 정상적인 인간이다.'라고 생각할 것입니다. 착실하게 공부를 했고 그 결과 안정적인 직업이 있고 결혼을 하여 가족을 이루어 잘살고 있기 때문에 그것으로 문제가 없다고 하는 이치입니다.

그러다가 개중에 '정상적이 아닌 사람'이 나타난다는 인식뿐일 것입니다.

'정상적이 아닌' 것에 대해 몇 가지 예를 들어봅시다.

대수롭지 않은 일인 경우라면 '학교에 가고 싶지 않

다.', '가 봐야 좀처럼 모두와 사이좋게 지낼 수 없다.', '무엇을 공부해도 곧 잊어버린다.', '전혀 공부에 흥미가 없다.'고 하는 그런 것일 것입니다.

취직할 무렵이 되면 '면접에서 뜻대로 안 되어 항상 떨어진다.', '사람과 만나면 말이 나오지 않게 된다.', '막상 회사에 들어가도 모두와 원만하게 지낼 수 없다.', '돈이 들어오면 곧 전부 써 버린다.', '돈 빌리는 것이 버릇이 되었다.'든가 하는 그런 사람도 있습니다.

이상한 일에 손을 대고 그것이 없으면 안절부절못하는 사람도 있을 것입니다. 술이나 담배를 끊지 못하고 마약 의존증처럼 되어 버린다든가, 도박 같은 것도 마찬가지입니다. 심한 사람은 돈을 빌려서라도 매일 도박을 합니다.

가정을 가지고 있는 사람이라면 가족의 인간관계가 원만하지 못하다는 문제도 있습니다.

일반적인 사회에서는 그런 것을 정신적인 문제로 취급하고 있습니다. '보통' 아이라면 학교에 가서 친구들과 사이좋게 놀며 즐겁게 공부합니다. 그것이 보통이기 때문에 그렇게 하지 못하는 아이는 뭔가 마음의 문제가 있다는 것입니다.

이 논리로 보면 문제를 안고 있는 사람들은 일반 사회 수준 이하이기 때문에 정신과의 세계에서 사람들을 도와서 보통 상태로까지 될 수 있도록 해주는 것입니다. 알기 쉽다고 하면 알기 쉬운 것입니다.

하지만 불교의 입장에서는 그렇게 생각하지 않습니다.

사회에서 당당하게 분발하여 착실히 일하고, 착실히 가족을 지키며, 이것저것 모두 착실히 하고 있다는, 일반 사람들이 생각하는 '보통'의 사람들도 불교의 입장에서 보면 모두가 정신적인 문제를 가지고 있습니다. 모든 사람의 마음은 병들어 있는 것입니다.

보통 사람들을 제로의 수준으로 본다면 정신적인 문제가 있는 사람들은 마이너스가 될 것입니다. 보통은 마이너스에 있는 사람들만을 제로로 이끌어 가려고 하는데, 불교에서는 제로로 있는 사람들을 포함한 모든 사람을 플러스로 가지고 가려고 합니다.

석가모니도 항상 말했지만 인간으로 되돌아갈 것을 지향하는 것이 아니라 인간성을 초월하라는 것입니다.

그러면 인간성을 초월하면 어떻게 될까요?

인간으로 사는 것은 결코 편한 일이 아닙니다. 즐거움과 행복을 느끼는 일이 있어도 그 때문에 많은 고생을 해야 합니다.

몸이 비록 건강해도 마음은 항상 병들어 있습니다.

몸의 감각은 '고뇌'입니다. 몸의 신경은 고뇌를 느끼게 되어 있습니다. '즐겁다'고 말하고 있는 감각도 엄밀히 관찰하면 고뇌라는 것을 발견할 수 있습니다.

인간성을 극복하는 사람은 인간의 이 고뇌의 차원도 극복합니다.

인간성을 극복해 가는 깨달음의 경지는 네 가지 단계에서 이루어집니다. 최초의 단계에 도달한 사람에 대해서 석가모니는 어느 날 다음과 같이 비유했습니다.

석가모니는 약간의 흙을 손톱 위에 얹고는 비구들에게 물었습니다.

"비구들이여, 어느 쪽이 많은가? 내 손톱 위에 있는 흙인가, 대지의 흙인가?"

"존사님, 비교가 되지 않습니다. 대지의 흙이 너무나 엄청납니다."

"깨달음의 첫 단계에 도달한 사람이 없앤 고뇌는 대지

의 흙과 같다. 남아 있는 고뇌는 내 손톱 위에 얹혀 있는 흙의 양과 같은 것이다."

인간성을 극복하는 사람이 얼마나 행복한지 추측할 수 있다고 생각합니다.

몸의 감각은 '고뇌'다. '즐겁다'고 말하고 있는 감각도 엄밀히 관찰하면 고뇌이다.

인간성을 극복하는 사람은 인간의 이 고뇌의 차원도 극복한다.

Part 2

마음을 다스려야 한다

자신의 길을 정했다 해도 성공하고 못 하고는

자신의 노력뿐만 아니라 여러 가지 요소로 결정된다.

그것을 이해하고 현실에 대응하는 것이 유연성이다.

'자아의식' 을 갖는 것은 좋지만 조심하지 않으면 곧 집착해 버린다.

너무 에고이스트가 되어 버리면 곧 자신이 뚝 부러져 버리게 된다.

인간에게는 그런 약한 데가 있기 때문에

유연성 있는 '자아의식' 을 만들어야 한다.

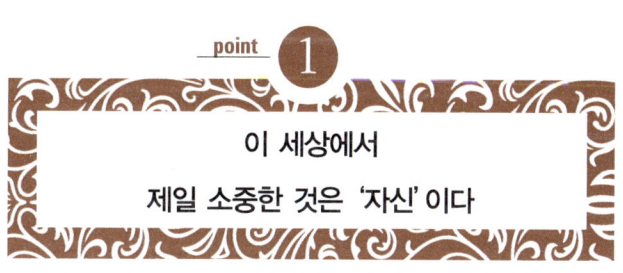

이 세상에서
제일 소중한 것은 '자신'이다

누구나 '나야말로 절대적으로 잘났다.'고 생각하고 있습니다. '자아'가 강한 것입니다. 그래서 마음에 병이 드는 것입니다.

나는 그렇지 않다고 반론하는 사람도 있을지 모릅니다.

하지만 자신의 마음에 정말로 솔직해져서 '이 세상에서 제일 잘난 사람은 누구인가?' 하고 물으면 '나'라는 대답이 나올 것입니다. '이 세상에서 제일 좋아하는 사람은 누구인가?'라고 물어도 마찬가지입니다. 솔직한 사람일수록 '역시 내가 제일'인 것입니다.

참으로 추한 현실이며, 안타깝지만 우리는 솔직히 이것을 인정해야 합니다. 거짓 세계에서 빠져나와야 합니다.

거짓 세계에 있으면 마음껏 거짓말을 하게 됩니다.

'우리 아이가 세상에서 제일 소중합니다.'

'남편을 제일 좋아합니다.'

이런 것은 터무니없는 거짓말입니다. 너무 좋아서 소중할지 모르지만 그래도 '자신보다 위' 인 것은 없습니다.

정치가라면 '내 자신의 생명보다 나라와 국민이 소중합니다.' 라는 식으로 말할지도 모릅니다. 그러나 세상에 그런 거짓말은 없습니다.

실제로 세상은 거짓말투성이로, 모두 여기저기서 속이고 속고 있지 않을까요?

우리는 스스로가 자신을 속이고 있습니다. 솔직히 자신의 마음을 보면 세상에서 제일 잘나고 제일 좋아하는 것은 자신인데, 그것을 인정하지 않습니다.

정말로 마음은 '나는 잘났다.' 고 분명히 실감하고 있습니다. 그것은 이런 이치입니다. 마음은 '이 생명은 자신이 하고 싶은 것, 원하는 것은 죽어도 손에 넣는다. 반드시 말하는 데로 움직인다.'라는 것을 알고 있기 때문에 '내가 잘났다.'고 생각하는 것입니다.

마음이 마약을 복용하고 싶다고 생각했으면 어떻게든 손에 넣습니다. 체포되어도 상관없습니다. 때문에 마음은 지독히 자기중심적이고 거만하며 자신이야말로 잘났다고 계속 생각할 수 있는 것입니다.

이것은 좀 쓸데없는 이야기지만, 누군가에게 큰 손해를 입혀 철저히 망가뜨리고 싶으면 어떻게 하면 좋다고 생각할까요?

인간의 사회 속에서는 실제로 그렇게 하기 위해 싸우고 있는 사람도 있습니다.

모두 누군가의 발을 잡아당기고 타인을 망가뜨리고 싶어 합니다. 누구라도 어딘가 그런 마음을 가지고 있을 것입니다. 그러나 방법을 모르는 것입니다.

하지만 실은 매우 간단합니다. 이제부터 말하는 방법으로, 아무리 훌륭한 사람일지라도 간단히 망가뜨릴 수 있습니다.

인간은 누구나 자아를 가지고 있습니다. '나는 잘났다.'라는 자존심입니다. 그것을 결코 인정하지 않고 철저히 상처 주는 것입니다.

그렇게 하면 그 사람은 이제 인간으로는 살아갈 수 없게 되어 버릴 것입니다.

적을 만드는 것도 같은 방법으로 하면 매우 간단합니다. 누군가에게 조금이라도 자존심에 상처를 입으면, 그 사람은 영원히 상대를 미워합니다. 하지만 마음이라는 것은 커다란 바보이기 때문에 사람을 무시하거나 상대의 입장을 망가뜨리는 짓을 깨닫지 못하는 사이에 해 버리는 것입니다.

그래서 스스로 적을 만들어 놓고 '아무것도 나쁜 짓을 하지 않았는데 왜 화를 내고 있는가.' 라는 등의 얼빠진 질문을 하는 사람이 있습니다.

이혼한 부부가 '왜 헤어졌는지 전혀 모릅니다.' 하고 말하고 있는 경우도 이와 같은 이유라고 생각합니다. "나는 열심히 했다고 생각하는데 상대는 내 얼굴도 보고 싶지 않다고 하네요. 심지어 같은 지역에서도 살고 싶지 않다고 하니까요." 하고 말합니다. "왜 이렇게 미움을 받는 것일까요?" 하고 말하는 경우, 본인도 깨닫지 못하는 사이에 상대의 자존심에 상처를 입힌 일이 있을 것입니다.

비록 사소한 일이라도 말한 쪽은 마음에 담아두지 않았지만 상대의 자존심에 상처를 입혔다면 그 상처는 낫지 않을 뿐만 아니라 점점 커져서 조만간 상대의 얼굴도 보고 싶지 않게 되는 것입니다.

사회에서 원만하게 살아가고 싶다면 다른 사람의 자존심에 상처를 입혀서는 안 된다, 자존심만 상처 입히지 않는다면 아무리 싸워도 곧 화해할 수 있다.

정신적인 병은
자신을 보호하기 위한 마음의 조작이다

마음은 '나는 잘났다.'고 하는 개념을 보호하려고 합니다. 그 때문에 병도 들게 됩니다.

샐러리맨이 어떤 지위를 탐냈다고 했을 때, 막상 도전해 보니 똑같이 생각하는 사람이 많이 있어서 경쟁해도 힘들것 같을 때, 이럴 때 마음이 정신적인 병을 만드는 경우가 있습니다. '머리가 아프다, 설사를 한다, 열이 난다, 사람들이 많은 곳에 들어가는 순간 기분이 좋지 않아 쓰러진다.' 등 여러 가지 형태가 있지만 원인은 같습니다.

그렇게 되면 비록 그 사람이 회사에 나갈 수 없게 되어도 '병이니 어쩔 수 없다.', '경쟁하고 싶어도 할 수 없으니 어찌 할 도리가 없다.' 라는 결과가 나옵니다. 그렇게 하여 '나야말로 잘났다.' 라는 자신의 자아를 멋지게 보호할 수 있는 것입니다.

따라서 자신에게 자신이 없어져서 우울증에 걸렸다는 사람이 있으면 그것은 자신의 생명을 보호하고 있는 것입니다. '나는 정말 잘났는데 우울증에 걸렸기 때문에 당분간 회사에 나갈 수 없고, 움직일 수 없다. 병 때문에 그런 것이니 그것은 내 탓이 아니다.' 라는 것입니다. 그래서 자신의 자존심이 상처 입지 않도록 보호하고 있는 것입니다.

아이가 학교에 가고 싶지 않은 경우도 똑같은 행동을 합니다. 아침밥이 맛이 없다, 식욕이 없어서 먹을 수 없다는 등의 여러 가지 이유를 댑니다. 혹은 거드름을 피워가며 억지로 밥을 먹고 지각을 합니다. 만약 주의를 주면 '밥 먹는 데 시간이 많이 걸렸기 때문에' 라는 식으로 말합니다.

이것도 '도피' 입니다. 솔직히 말해서 '학교에 가고 싶지 않습니다.'라고는 말하지 않고 뭔가 다른 이유를 붙여서 '가고 싶지만 갈 수 없습니다.' 하고 도망쳐 버리는 것입니다. 이와 같이 정신적인 병이라는 것은 모두 현실을 속여서 자신을 보호하기 위해 마음이 만드는 조작이라고 생각해도 틀림없습니다.

왜 그렇게까지 자신을 소중히 생각하고 보호하려 하는가에 대해 우선 들 수 있는 것이 '자아의식'입니다. 자아의식은 '자신'이나 '나'라는 의식을 말합니다.

"저는 ○○○입니다."로 시작하여 "○○ 회사의 ○○○입니다." 또는 "○○ 회사에서 부장으로 근무하고 있는 ○○○입니다."라는 식으로 자신이라는 것을 여러 가지로 정의합니다.

세상 사람들은 정확한 '자신'이라는 의식을 갖고 있는 것이 좋다고 합니다. '나는 어떤 사람이고, 이런 일을 하고 싶다.'라는 것을 정확히 알아두는 것이 좋다고 말합니다.

물론 자아의식이 정확하다면 문제는 일어나지 않습니다. 하지만 자아의식이 지나쳐서 '에고(ego:자아,자만)'가 되기 때문에 문제가 되는 것입니다. 자아의식은 좋아도 그것이 증대하여 에고가 되면 안 된다는 것을 정확히 기억해 두기 바랍니다. 에고이스트(자기중심주의자)가 된다면 무엇이든 잘 안 됩니다.

'나는 이런 능력이 있기 때문에 이런 일을 하고 싶다. 이런 인생이 되고 싶다. 그렇기 위해서는 이런 일이나 공부를 하고 싶다.' 라는 식으로 자신을 객관적으로 보고 그것을 바탕으로 하여 생활 태도의 프로그램을 짤 수 있는 사람은 아무 문제가 없습니다. 확실한 자아의식이라고 할 수 있습니다.

문제가 되는 것은 바로 에고 쪽입니다. 말은 별로 다를 것 없지만 '내게는 이런 재능이 있다. 그 재능으로 이런 것을 하고 싶다.' 고 자신도 잘 돌이켜 보지 않고 결정해 버리면, 순간 에고가 나오게 됩니다. 에고가 나오게 되면 거기서 문제의 시작이 됩니다. 에고가 유연성을 빼앗아 가 버리는 것입니다.

자아의식이 정확하다면 문제는 일어나지 않는다. 하지만 자아의식이 지나쳐서 '에고' 가 되기 때문에 문제가 되는 것이다.

자아의식은
예리한 칼날과 같다

자아의식이라는 것은 예리한 칼날과 같은 것이라고 생각하기 바랍니다. 없으면 안 되고 있으면 위험합니다.

예를 들어 한 젊은이가 'ㅇㅇ대학에 들어가고 싶다.' 고 생각했을 때 그렇게 생각하는 것 자체는 아무런 문제가 없으며 그렇게 되기 위해 열심히 공부하는 것은 좋은 일입니다.

그러나 '들어가자.' 가 아니라 '들어가 보일 것이다.' 라고 생각했다면 문제가 생깁니다.

ㅇㅇ대학이든 다른 대학이든 한 번에 몇만 명을 입학

시키는 것은 아닙니다. 그러므로 만약 그해에 입학시험에 응시한 사람들 모두가 우연히 좋은 점수를 받아, 전년도라면 합격할 수 있었던 점수인데도 불구하고 낙방할 수 있습니다.

바로 여기에서 '열심히 공부했기 때문에 반드시 입학할 수 있었다.'고 생각하는 사람은 대단한 좌절감에 빠지게 됩니다. 또한 '왜 하필이면 내가 응시한 해에 모두가 좋은 점수를 땄단 말인가?' 하며 분노까지 치밀어 오릅니다.

그러나 ○○대학에 입학할 수 있을지 없을지는 여러 가지 요소가 합쳐진 결과입니다. '들어가 보일 것이다.'라는 자신의 에고가 통하는 것이 아닙니다.

부모가 하라고 해서 마지못해 하고 있는 사람의 경우라면 부모로부터 재촉을 받겠지만 그것도 당치 않습니다. 성공하고 못 하고는 단지 혼자의 노력만으로 정해지는 것은 아니고 본인에게 어찌할 수 없는 요소도 있기 때문입니다.

10명밖에 통과하지 못하는 시험을 100명이 응시했다고 했을 때 그 100명 전원이 뛰어나게 능력이 있는 사람이었다면 누가 합격될지 모르는 일입니다. 시험 내용에서 수험생 자신이 '합격은 확실하다.'고 생각해도 100명의 수험생이 전부 뛰어난 능력자이기 때문에 결과는 알수 없습니다. 자신이 착실하게 공부하여 침착하게 시험문제에 올바르게 답했다는 것만으로 합격할 수 있다고볼 수 없습니다. 자기 이외의 원인은 어쩔 수 없는 것입니다.

때문에 우리는 좀 더 유연성을 가지고 살아가야 합니다. 자신의 길을 정했다 해도 성공하고 못 하고는 자신의노력뿐만 아니라 여러 가지 요소로 결정됩니다.

그것을 이해하고 현실에 대응하는 것입니다.

그것이 유연성입니다.

'자아의식'을 갖는 것은 좋지만 조심하지 않으면 곧집착해 버립니다. 너무 에고이스트가 되어 버리면 곧 자신이 뚝 부러져 버리게 됩니다.

인간에게는 그런 약한 데가 있기 때문에 유연성 있는'자아의식'을 만들어야 합니다.

자신의 길을 정했다 해도 성공하고 못 하고는 자신의

노력뿐만 아니라 여러 가지 요소로 결정된다. 그것을 이해하고 현실에 대응하는 것이 유연성이다.

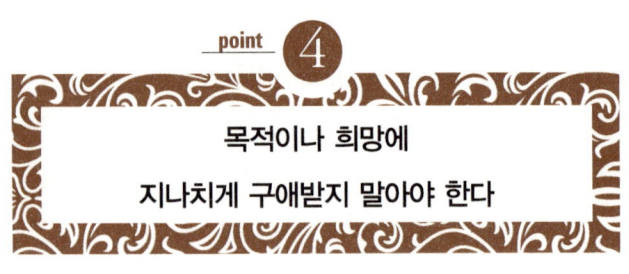

point 4

목적이나 희망에
지나치게 구애받지 말아야 한다

인간은 무엇을 해도 '성공하겠다.'는 마음을 갖습니다. 그렇다고 해서 '반드시 성공할 거다.' 하고 굳게 결심하게 되면 큰 문제를 불러일으킵니다.

학원 경영자는 '학원생의 90퍼센트 이상을 희망하는 대학에 합격시켜라.' 하고 학원 선생에게 요구합니다. 그리고 만약 실패하면 선생을 비난합니다.

그리하여 학원선생들은 자신의 목이 걸려 있기 때문에 긴장을 풀고 편히 가르칠 수가 없습니다. 학생들도 쓸데없는 분노나 괴로움, 경쟁심, 서로가 라이벌로써 서로

미워하는 미움밖에 기질 수 없게 됩니다.

하지만 생각해 보면, 이것은 자연의 법칙을 부정하는 것에 가깝습니다. 학원생 100명 중 90명 이상을 희망하는 대학에 합격시킨다는 것은 불가능합니다. 태양이 동쪽에서 뜨는 것이 싫다든가, 겨울에 추운 것이 싫다고 하는 것과 같은 것입니다.

아무리 싫어도 겨울이 추운 것은 어쩔 수 없습니다. 때문에 겨울을 원망할 것이 아니라 두꺼운 코트라도 입으면 됩니다. 그와 마찬가지로 대응하면 문제는 해결될 것입니다.

그런데 위와 같은 학원에서는 결코 그것을 인정하려 하지 않습니다.

본래 교사도 학생들도 후회가 없도록 분발하면 그것으로 충분합니다. 교사는 미처 가르치지 못해 나중에 후회하는 일이 없도록 해야 한다는 마음으로 철저히 가르칩니다. 그리고 학생들은 '열심히 공부했다.'고 자랑할 수 있을 정도로 공부합니다.

그렇게 힘껏 노력한 결과, 만약 희망하는 대학에 들어갈 수 없어도 그것은 자신의 탓이 아닙니다.

두 번째로 희망하는 대학에 입학하면 됩니다.

목적을 만드는 것은 좋지만 너무 비합리적으로 자연의 법칙을 부정하는 목적을 만들어 버리면 정신적인 문제가 생깁니다. 인간에게 있어서 희망이나 목적, 자아의식이라는 것은 없어서는 안 되지만, 있으면 있는 대로 위험한 것입니다. 그러므로 항상 그것을 의식해 두는 것이 올바른 마음가짐입니다.

그런데 세상에서는 '이런 생활태도가 훌륭하다. 이런 생활태도를 가져야 하기 때문에 그것을 지향하라.' 는 식으로 단정하고 있는 것입니다.

인간이 문제를 만드는 이유는 그 밖에 또 있습니다.

인간은 어떤 것에 대해서도 '이것은 옳고 이것은 잘못되어 있다.', '올바른 방법은 이것이다.' 라는 등 뭔가 '기준' 을 만들어 단정하고 있습니다.

그러나 우리는 마음의 노예이기 때문에 머릿속에서 그런 기준이나 법칙을 만들어 봤자 그대로 살 수는 없습니다.

예를 들면 '수험생이기 때문에 밤 12시까지 공부하고 아침 4시에 일어나 공부하자.' 라고 정합니다. 부인들도

'집인일과 일은 매일 해야 한다.' 는 식으로 스스로 자신에게 주어진 여러 가지 책임량을 정합니다.

하지만 비록 '매일 반드시 아침 4시에 일어난다.' 고 본인이 정했다 해도 매일은 무리일 것입니다. 일어날 수 있는 날도 있고 일어나지 못하는 날도 분명히 있을 것입니다.

그런데 아침 4시에 일어나지 못하면 마음속으로 몹시 걱정을 합니다.

이런 식으로 자기 자신이 여러 가지 생활태도의 기준이나 규칙을 정하고 발도 손도 전부 묶어 두고 그것을 하지 못하면 고민하는 것이 인간입니다.

회사에서도 이런 일이 있을 것입니다. 경영자가 궁리 끝에 '금년은 이 정도의 성적을 올려서 이 정도 벌자.' 하고 우선 기한과 금액을 정합니다. 그리고 끝날 무렵에 계산해 보고 기준이나 목표를 달성하지 못하면 직원에게 호통을 칩니다.

이런 목표 역시 없어서는 안 되지만 있으면 위험한 것 중 하나입니다.

우선 적당히 기준을 정하는 것은 상당히 곤란합니다.

'금년은 1억 원을 벌었으니까 내년에는 2억 원입니다.'
라는 것은 말이 안 됩니다.

정확한 방법은 기준을 만들 때 왜 금년은 1억 원을 벌
수 있었는가, 그 요인을 분석해야 합니다. 그 요인이 내
년은 어떻게 변할 것인가를 예측하여 인간의 행동도 어
느 정도는 계산에 넣는 것입니다. 어디까지나 인간이기
때문에 이것저것 정확히 컴퓨터처럼 움직이지 않는다는
것을 생각해야 합니다.

그리고 '반드시 달성하는 것'이 아니라 '이 정도의 목
적은 달성할 수 있을지도 모른다.'라는 정도의 마음가짐
을 가져야 하는 것입니다.

이렇게 계산한다 해도 빗나가는 경우가 많이 있습니
다. 반대로 2억 원이라 생각하고 있었는데 4억 원을 벌
가능성도 있습니다.

어떤 것에나 기준을 만들어 버리는 버릇은 여러 가지
문제의 씨앗이 됩니다. 규칙을 만들기는 간단하지만 대
체로 지키지 못하고 고민하게 되기 때문입니다.

목적을 만드는 것은 좋지만 너무 비합리적으로 자연

의 법칙을 부정하는 목직을 민들이 비리면 정신적인 문제가 생긴다.

망상 같은 기준이
사는 기쁨을 빼앗는다

어떤 어머니가 아이를 좋은 대학에 입학시켜야 한다며 멋대로 목표를 정했다고 합시다. 그러면 어머니는 다른 것은 전혀 보이지 않게 되어 인정 없는 냉혹한 사람이 되어 버립니다.

하지만 아이에게 있어서 그것은 자신의 인생이 아닙니다. 어머니는 '우리 아이를 천재로 만들 것이다.'라며 분발하고 있을지 모르지만 아이 입장에서 보면 자신을 괴롭히는 인정머리 없는 할망구일 수밖에 없는 것입니다.

물론 그것은 어머니에 한하지 않고 아버지도, 회사도, 사회도, 학교도 마찬가지입니다. 인간은 누군가 뭔가 기준을 만든 순간에 자신도 타인도 인간이며, 매우 델리킷한 정신을 가진 생물이라는 것을 곧 잊어버립니다. '정했으니까 하라.'며 다시 한 번 잘 생각해 보지도 않고 무작정 그것에만 열중하게 됩니다.

그러므로 너무 현실과 떨어진 기준이나 목적은 만들지 말아야 합니다. 그 대신 일이나 공부를 하는 기쁨을 맛보아야 합니다. 자녀를 잘 키우고 있어서 다행이라고 생각해야 합니다. 그런 자유로운 마음과 매일 사는 기쁨을 맛보는 마음을 갖기 바랍니다. 그것이 진정한 인생입니다.

기분이라기보다 '망상'이라고 하는 뭔가에 속박되어 버리면 그것이 이루어지는 일은 없습니다. 분발하는 것은 좋지만 맹렬히 파고들어서는 안 됩니다. 마음은 어디까지나 자유롭고 마음껏 분발하려고 생각합니다. 그런 마음으로 살아야 합니다. 목적이라는 것은 스트레스나 신상의 셰기가 되지만, 그런 상태에서는 일이나 공부를 제대로 할 수 없을 것입니다.

너무 현실과 떨어진 기준이나 목적은 만들지 말아야 한다. 그 대신 일이나 공부를 하는 기쁨을 맛보아야 한다.

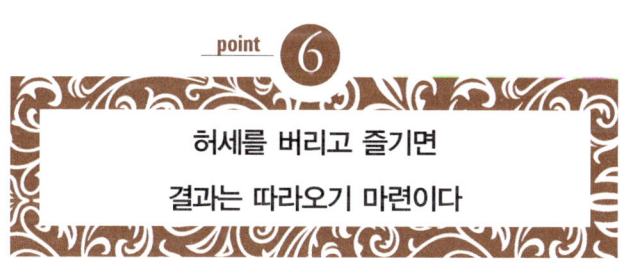

허세를 버리고 즐기면
결과는 따라오기 마련이다

쓸데없는 '허세' 역시 문제를 일으킵니다. 허세는 '실력과 동떨어진 목적을 달성할 수 있다는 망상'이라고도 할 수 있습니다. 가지고 있으면 손해만 될 뿐입니다.

계속 바이올린을 배우고 있는 사람이 마침내 발표회에 나간다고 스스로 기준을 만들면 어떻게 될까요?

허세를 부려서 '나는 최고의 연주를 해보일 것이다.'라고 생각해 버리면 연습을 할 때도 최고의 연주만 머리에 떠올리고 맙니다. 그리하여 본 연주회에 들어가면 너무 긴장한 나머지 근육이 굳어져서 제대로 연주할 수가 없습니다.

반대인 사람은 어떨까요? '발표회에서도 집에서 연습하는 것과 똑같이 즐겁게 연주하자.' 라고 생각하는 사람입니다. 이런 사람이라면 발표회에 가기 전이라도 평소와 같이 모두 함께 즐겁게 놀 수 있습니다. 그리고 발표회에서는 자신의 순번이 오면 정확히 연주하여 대단히 즐겁게 끝낼 수 있습니다. 긴장이 풀어져 있을 때 그 사람의 실력이 최고의 결과를 낼 수 있기 때문에 남이 보더라도 훌륭한 연주가 될 것입니다.

이와 같이 스트레스가 전혀 없고, 긴장하지 않으면서도 집중하고 있는 상태를 만드는 것은 그다지 어려운 일이 아닙니다. 우선 '무슨 일이 있어도 즐기자, 음미하자.' 라고 생각하는 버릇이 몸에 배도록 하는 것입니다.

실제로 그렇게 생각하며 지내면 무엇이든 즐겁습니다. 산을 오르는 것도 강을 건너는 것도 즐겁고 일을 하는 것도 즐거울 것입니다.

스트레스가 전혀 없고, 긴장하지 않으면서도 집중하고 있는 상태를 만드는 것은 그다지 어려운 일이 아니다.

우선 '무슨 일이 있어도 즐기자, 음미하자.' 라고 생각하는 버릇이 몸에 배도록 하는 것이다.

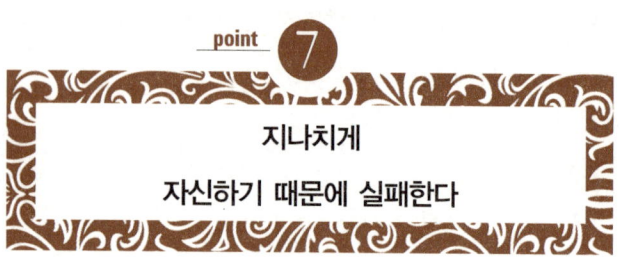

지나치게
자신하기 때문에 실패한다

사람은 흔히 '자신이 없어졌다.'는 말을 합니다. 이것
도 실은 망상 탓입니다. 인간이 자신이 없어지는 원인은
의외일지 모르지만 지나치게 자신을 갖기 때문입니다.

'나는 이 정도 할 수 있다.'며 생각하고 있었는데 막
상 해보니 무엇 하나 할 수 없었던 것은 흔히 있는 일입
니다.

결혼식에서 축사를 부탁받았다고 합시다. 축사라는
것은 단 2~3분인데 지나치게 자신 있는 사람은 '보라는
듯이 훌륭한 축사를 하자.'며 머릿속에서 이것저것 할

수 있는 모든 망상을 합니다. 그리하여 지루하게 30분이나 축사를 하여 하객들이나 결혼 당사자들에게 빈축을 삽니다. 게다가 그런 사람들은 대부분 좋은 말은 하나도 하지 않습니다. 본인도 심장이 두근거리고, 땀이 나고, 무릎이 떨려 말할 수 없는 기분이 들곤 하는데, 이 역시 망상 속의 자신을 과대평가하고 있는 것이 원인입니다.

반대로 자신 없는 사람이 대단히 훌륭한 축사를 할 수 있습니다. 그런 사람은 '어차피 나는 말이 서투르고 훌륭한 말도 하지 못하니까 1분 정도 적당히 말하고 빨리 도망치자.'고 생각합니다.

하지만 그 1분 동안에 말하는 것은 필요한 것이 꽉 차 있습니다. 대단히 세련되고 훌륭한 말이 됩니다. '나는 말이 서투르기 때문에 너무 긴 시간은 말할 수 없지만 아무튼 정말로 축하합니다. 행복하기 바랍니다. 감사합니다.'라는 느낌으로 빨리 끝냅니다. 그런데도 이런 사람이 모든 사람에게 큰 인기를 끕니다. 겨우 이만한 것도 할 수 없는 것은 지나치게 자신하는 탓입니다.

'내가 하는 일에 자신이 없다.'는 사람도 흔히 있는데 그것도 뭔가 기적적인 성공을 머릿속에서 망상하고 있는 탓입니다. '대충 하면 되지 않은가.'라고 생각하면서도 결국 아무것도 하지 못하고 맙니다.

그러므로 앞에서도 말했듯이 우리들은 자신에게 후회가 없도록 할 수 있는 것을 하면 됩니다. 실현할 수 있을지 없을지 모르는 목표가 아니라 눈앞의 일을 소중히 하기 바랍니다. 물론 결과는 자신만으로 정해지는 것은 아니지만 어떤 결과가 되어도 '자신은 전력을 다했다.'고 진심으로 말할 수 있습니다. 그런 상태를 지향하면 충분한 것입니다.

자신에게 후회가 없도록 할 수 있는 것을 하면 된다. 실현할 수 있을지 없을지 모르는 목표가 아니라 눈앞의 일을 소중히 해야 한다.

자아가 사라지면
문제도 사라진다

불교에서는 '자아, 에고라는 거만'을 버릴 것을 철저히 가르칩니다. 모든 문제는 자아에서 생긴다고 생각하고 있기 때문입니다.

'자아, 에고'라는 것은 '전혀 변하지 않는 확고한 자신이 존재한다.'고 생각하는 것입니다. '자아의식'과 말이 비슷하기 때문에 혼돈할지 모르지만 이 두 가지는 다릅니다.

우리들에게는 순간순간 자아의식이 생깁니다. 뭔가를 보았으면 '내가 ○○을 보았다.', 뭔가를 들으면 '내가

○○을 들었다.'라고 인식합니다. 그것이 자아의식입니다. 이 자아의식은 수행하여 깨달음을 펼침으로써 없어지는 것입니다. 그러므로 자아의식의 문제는 지금 말하고 있는 자아, 에고보다 훨씬 앞에 있는 주제입니다.

자아, 에고라는 것은 순간순간의 이 자아의식을 깨닫지 못하고 '확고한 내가 있다.'고 가정하는 것입니다. 바꿔 말하면 '보거나 듣거나 말하거나 생각하는, 변함없는 자신이 있다. 존재하고 있다.'라는 기분입니다.

변함없는 자신이 있다고 가정하면 순간순간 변해 가는 환경에 적응할 수 없게 됩니다. 그래서 정신적인 병이 드는 원인은 자아라는 것입니다.

그리고 병이 들면 '나는 그런 병이니까 어쩔 수 없다.'라고 생각해 버립니다. 몸에 병이 있는 경우도 마찬가지입니다. '나는 태어나면서 ○○병이니까 공부도 일도 할 수 없다.'라고 생각하고 자신을 정당화하고 있습니다. '내가 아니라 병이 나쁘다.'라고 생각하면 자아를 보호할 수 있습니다. 그래서 간단히 도망치는 길을 택해서 점점 정신적으로 약해집니다.

의사들도 열심히 노력해서 심리학적으로 어떻게든 고

치려 하고 있습니다만 폭넓게는 마음의 공부를 하고 있지 않기 때문에 역시 무리입니다.

무리이기 때문에 증상만으로도 억제해 주려고 약을 내주지만, 그런 것은 전부 속임수입니다. 정신 안정제 등 여러 가지 약이 있지만, 먹고 진정된다고 하는 효과는 있어도 병을 고칠 수 있는 것은 아닙니다.

근본적으로는 아무런 치료도 되지 않습니다.

그럼 마음을 고치려면 어떻게 하면 될까요?

몇 번이나 말했듯이 마음이라는 것은 '자기중심적인 커다란 바보'입니다. 감당할 수 없는 애물단지입니다. 마음은 에고를 지키기 위해 이런저런 변명을 반복합니다. 그래서는 병을 고칠 수 없습니다.

마음의 병을 고치는 최종적인 대답을 먼저 말한다면 '자아를 버리는 것'입니다. 자아에서 모든 문제가 생기기 때문에 그것이 없어지면 문제도 사라집니다. 자아의 헛소리에는 일체 귀를 기울이지 말고 자아 그 자체를 버리는 것입니다.

자아를 버린다는 것은 '자신의 마음은 약하고 여려서 대수롭지 않은 것이다. 아무래도 상관없고 하찮은 마음이기 때문에 누구의 것이든 마찬가지다.' 라는 사실을 인식하는 것입니다.

그런 식으로 자신이라는 자아를 완전히 제쳐놓으면 자신이 아무것도 아니라는 것을 마음으로 이해할 수 있습니다. 그렇게 되면 실패해도 성공해도 태연히 있을 수 있습니다.

비록 실패해도 '나는 대수롭지 않은 인간이기 때문에 어쩔 도리가 없다.' 라는 생각만 해도 분노 같은 것은 전혀 치밀어 오르지 않는 것이며 우울해지는 일도 없습니다.

반대로 성공을 해도 '내 자신이지만 잘했지 않는가. 하지만 우연히 잘된 것뿐이다.' 라고 생각하는 것만으로 결코 잘난 체하는 기분은 들지 않습니다.

항상 그런 마음으로 살고 있을 수 있다면 절대로 병들지 않습니다. '우연히 잘된 것뿐이다. 우연히 회사가 이익을 올렸을 뿐이다. 우연히 실패한 것뿐이다.' 라고 생각하면 모두가 대수롭지 않게 됩니다.

그러나 현실은 다릅니다. '우연' 대신 인간은 '이것은 내게 맡겨라.' 또는 '내가 이 회사를 여기까지 이끌어 왔다.', '내게는 이렇게 대단한 능력이 있다.' 는 등의 생각을 하게 됩니다.

　이런 마음을 가지고 있으면 잘 안 되는 순간에 견딜 수 없게 되어 병들거나, 최악의 경우는 자살해 버리고는 합니다.

　마음의 병을 고치기 위해서는 우선 '자아를 버리는 것'이다. 자아에서 모든 문제가 생기기 때문에 그것이 없어지면 문제도 사라진다. 자아의 헛소리에는 일체 귀를 기울이지 말고 자아 그 자체를 버리는 것이다.

전력을 다했다면
실패해도 상관없다

환경은 변하고 있습니다. 자신이 놓인 상황이 계속 같으리란 법은 없습니다. 일은 잘되기도 하고 잘 안 되기도 합니다.

실패 같은 것은 흔히 있는 일입니다. 그런데 실패에 견디지 못할 정도로 자아에 집착하면 누구나 언젠가는 자살하게 됩니다. 이것은 매우 곤란한 일입니다.

실제로 우리 사회에서는 아주 간단히 자살하는 경우가 많습니다.

그런 사람들은 조금 심한 표현이지만, 실은 원래 사는

것에 관해서는 자격이 없다고 말할 수 있습니다

회사 경영 상태가 악화된 것을 탄식하여 자살하는 사장도 있는데, 본래 경영자라는 것은 사회 환경까지 생각하고 여러 가지를 조절하여 이익을 올리도록 하는 사람입니다. 그런데도 이를 깨닫지 못하는 사람은 근본적으로 사장이 될 자격이 없습니다.

세상의 경제 상태가 아주 좋을 때는 아무리 바보라도 돈을 벌 수 있습니다. 그것은 '우연'입니다. 단순한 우연으로 잘 나가고 있는 것뿐입니다. 때문에 세상이 약간 변하면 바로 안 되고 마는 것입니다. 그리하여 그런 사람은 어떻게 할 방법이 없기 때문에 자살을 하게 되는 것입니다.

이것이야말로 마음이 약하고 어리석은 것입니다.

이런 사람은 많은 돈을 벌면 앞뒤 가리지도 않고 돈을 물 쓰듯이 쓰는가 하면 여기저기 은행에서 돈을 빌릴 때도 실제로 잘 변제할 수 있을 것인지 어떤지를 생각하지 않습니다. 조심하거나 계산 같은 것은 전혀 하지 않습니다.

그런 사람은 '이렇게 하면 어쩌면 벌 수 있을 거야.'

하고 생각합니다. 하지만 '어쩌면'으로 장사가 될 리 없습니다. 우연히 환경이 좋은 곳에서 태어난 덕택에 약간 잘 나가는 것뿐이며, 과학성도 합리성도 없습니다. 그러므로 전혀 칭찬할 것은 못 됩니다.

만약 혹심한 환경 속에서 회사를 성장시켰다면 그것은 훌륭한 일입니다. 경제 상태가 나쁜 회사나 사회 상황 속에서 사람들이 여러 가지로 궁리하여 도산을 방지했습니다. 지금은 먹고 살 만큼 벌 수 있게 되었다고 한다면 그것은 이미 훌륭한 지혜입니다.

'실패하고 싶지 않다.'고 생각하는 것은 너무 어리석은 생각입니다. 그리고 '아무튼 성공하고 싶다.'고 생각하는 것도 마찬가지로 어리석습니다.

실패해도 별로 상관없습니다. 또 우연히 성공했다 해도 상관없습니다. 그런 것입니다. 자신에 대해서 그런 눈으로 보는 지혜만 있으면 마음은 절대로 병들지 않습니다.

하지만 유감스럽게도 우리들은 그렇지 않습니다.

예를 들면 여러분이 요리를 만들었다고 합시다. 정말

맛있게 만들었다고 생각히면 곧 마음이 들뜰 것입니다. 자신의 성공에 기쁨을 느끼고 있는 상태입니다.

그런데 누군가로부터 '이건 좀…….' 이라는 말을 들으면 어떨까요? 틀림없이 몹시 화가 날 것입니다.

여러분도 몸 컨디션이 좋지 않아서 가끔 맛있게 먹지 못할 때가 있을 것입니다. 상대방 역시 그럴지도 모르며, 역시 화가 날 것입니다.

앞으로 약간만 길에서 빗나가 버린다면 어찌할 도리가 없으니 조심해야 합니다.

가장 올바른 태도는 '전력을 다하면 실패하든 성공하든 상관없다.' 라는 태도입니다. 그것을 정확히 기억해 두면 건강한 마음을 유지하는 것은 어렵지 않습니다.

실패하고 싶지 않다고 생각하는 것은 너무 어리석은 생각이다. 그리고 아무튼 성공하고 싶다고 생각하는 것도 마찬가지로 어리석다. 실패해도 별로 상관없다. 또 우연히 성공했다 해도 상관없다는 그런 눈으로 보는 지혜만 있으면 마음은 절대로 병들지 않는다.

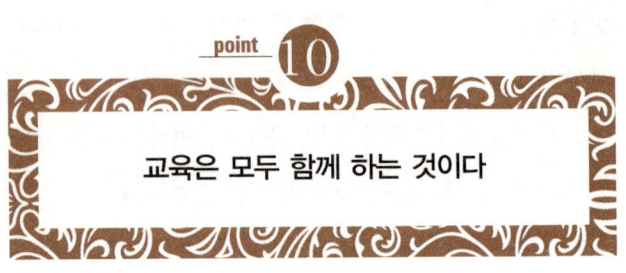

교육은 모두 함께 하는 것이다

개인의 마음 문제는 사회 문제가 원인일 수도 있습니다.

가장 먼저 떠오르는 것이 교육의 문제입니다. 교육은 어느 날 갑자기 하나로 모아서 할 수 없으니까 어렸을 때부터 착실히 해야 합니다.

그런데 현대에는 그런 교육이 없습니다. 사회가 발전하면 할수록 '진정한 교육'은 사라져 버립니다. 그래서 문제가 일어난다고 생각합니다.

교육이라는 것은 '착실한 인간을 만드는 것'입니다.

그러므로 그것은 어머니의 일이며, 아버지, 할아버지, 할머니의 일입니다. 그리고 살고 있는 지역의 일이기도 합니다. 다시 말하면 사회의 모든 사람의 일입니다.

왜냐 하면 어머니에게는 어머니로서 할 수 있는 교육이 있고, 모든 사람에게도 그 나름대로 해야 할 교육이 있기 때문입니다.

좀 더 크게 생각하면, 어찌할 도리가 없는 인간으로 자란다면 지역 주민이 곤란해지니까 지역에서도 해야 할 일이 있습니다. 나라에서도 해야 할 일이 있습니다.

올바른 교육이란 아이들에게 죽을 때까지 모두 함께 사이좋게, 평화롭고 아름답게, 착실하게 살아가는 능력이 몸에 배도록 해주는 것입니다.

하지만 21세기 현대에서 우리가 하고 있는 교육은 다릅니다. 같은 교육이라는 말을 사용하고 있을 뿐이지 무엇을 하고 있는지 도무지 알 수가 없습니다.

아무튼 여러 가지를 익히게 합니다. 그래서 ○○에 합격했다, 몇 점을 맞았다는 종이 한 장이나 시험 점수만을 중요시하고 있는 것입니다.

가르치는 측도, 배우는 측도 그 이면에 있는 인간을 아주 잊고 있습니다. 어머니조차 아이에 대해서 학교에서 가지고 돌아오는 시험 점수로 판단을 하고 맙니다. 100점 만점을 받으면 기뻐 칭찬을 해주고, 45점이면 야단을 칩니다. 거기에 인간은 없습니다. 숫자밖에 존재하지 않습니다. 전혀 '사람'을 기르고 있지 않은 것입니다. 한마디로 교육은 제로입니다.

숫자를 잘한다, 지구의 크기를 알고 있다, 예로부터 왕들의 순위를 모두 알고 있다, 어느 시대에 무슨 일이 일어났다고 하는 것들은 살아가는 데 아무런 도움도 주지 않습니다. 아이들도 시험을 위해서라는 것을 잘 알고 있기 때문에 별로 즐거워하지도 않습니다.

아무리 학교를 열심히 다녀도 살기 위한 방법은 하나도 가르쳐 주지 않습니다. 그런 상태로 대학에 가서 졸업하고 나면 이제 사회인이기 때문에 더 이상 교육을 받을 수 없게 되는 것입니다. 참으로 무섭고 안타까운 일입니다.

올바른 교육이란 아이들에게 죽을 때까지 모두 함께 사이좋게, 평화롭고 아름답게, 착실하게 살아가는 능력이 몸에 배도록 해주는 것이다.

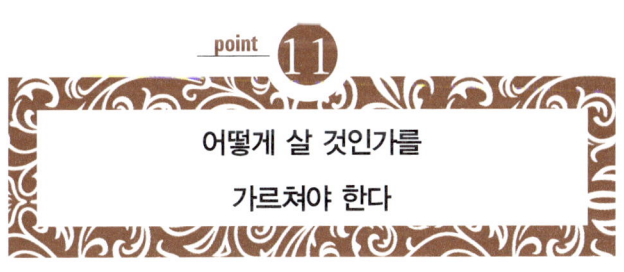

어떻게 살 것인가를
가르쳐야 한다

우리는 문명사회를 만든 대신에 자신이 '생물'이라는 것을 잊고 말았습니다.

덧셈, 나눗셈은 할 수 있어도 애정이 없거나, 아예 모르는 경우도 있습니다. 역시 결국은 모두 애정으로 살고 있으며, '어떻게 살 것인가?' 가 제일 중요한 것인데, 그것은 아무도 가르쳐 주지 않습니다.

현재 유치원에서 가르치고 있는 것은 일하는 훈련입니다. 현재의 교육은 경쟁적인 지식을 주입시키는 직업 훈련으로, 진정한 의미에서의 교육은 아닙니다. 비록 어른이 되는 사이에 온갖 일에 대비한 훈련을 받아도 결국 종사하는 일은 하나입니다. 그것도 아이들은 알고 있습니다.

게다가 그 하나의 일마저도 학교에서 배운 것은 별로 도움이 되지 않습니다. 회사에 들어가면 또 전부 돈을 들여 처음부터 배우지 않으면 아무것도 할 수 없는 것입니다. 그때까지의 교육은 거의 전부 쓸데없는 것입니다.

물론 많은 공부를 하는 것은 좋은 일입니다. 머리는 연마하면 할수록 좋아지고 사물에 대해서는 알면 알수록 좋은 것입니다.

그러나 동시에 좋지 않은 성격도 고쳐서 훌륭한 인간, 훌륭한 생명을 기르도록 해야 하는 것입니다.

예를 들어 초등학교라면 '이런 것을 공부했다.' 라기보다 '이런 식으로 모두 함께 놀며 아무개와 아무개하고는 이런 것을 하고 이렇게 생각했다.' 는 것이야말로 생명이 있는 것입니다.

진정한 교육은 훌륭한 인간, 훌륭한 생명을 기르도록 해야 하는데 있다.

Part 3

마음을 정화시켜야 한다

자식에게 고생시키지 않고 부모의 자기만족으로 멋대로 자라게 하면

자식은 반대로 죽을 때까지 철저히 고생하게 된다.

누구나 '한 사람의 인간'으로서 살아가야 하기 때문에

누구든 보통으로 길러야 한다.

자기 자식만 귀여워하고, 사치하도록 멋대로 내버려 두는 부모는

자식에게 일부러 불행을 가져다주는 무자비한 사람이다.

우리가 만약 사람의 마음속에 있는 고민을 고쳐 주고 싶으면,

제일 먼저 필요로 하는 것은 자신과 그 사람의 문제에 대한 이해다.

그것만 있으면 세밀한 방법은 어떻게든 생각해 낼 수 있다.

에피소드에서 배우는
마음의 캐어(Care)

깨달은 사람이거나 혹은 세상일에 초연한 사람은 어찌 생각하면 마음의 괴로움이 그다지 대수롭지 않은 것입니다. 엄밀히 분석해서 공부해야 할 대단한 것이 아닙니다. 우리가 중요하게 생각하고 있는 정신적인 고민이라는 것은, 불교에서는 '약간 이상한 것'이라는 정도일 것입니다.

이제 전래되어 내려온 몇 가지 에피소들 소개할까 합니다.

어느 날, 가난한 집에서 한 여인이 시집을 갔습니다.

그러나 시집을 갔다 해도 결국은 타지 사람이라서 외롭기 그지없었고 상당히 오랫동안 혼자만의 고독한 생활을 하지 않을 수 없었습니다.

그래도 다행인 것은 그녀가 시집온 지 몇 년이 지난 후 아이가 생겼고 드디어는 떡두꺼비 같은 아들을 낳았습니다. 이제는 대를 이을 아들을 낳았다고 하여 집안에서도 그녀를 위해주었고 수년 동안 외로웠던 보상을 받으며 행복감을 맛볼 수 있었습니다. 어엿한 부인의 입장에서 모든 사람으로부터 존경을 받았고, 그녀는 밀려드는 행복감으로 가슴이 벅찼습니다.

그런데 그 아이가 여기저기 한참 뛰어다닐 나이가 되었을 무렵, 갑자기 병이 들어 죽고 말았습니다. 그 어머니는 어떻게 되었을까요? 너무나 큰 충격으로 아이가 죽었다는 것을 인정하지 못하고 '내 아들은 병이 들어 있다.'는 주장만 했습니다.

그녀는 필사적으로 아이의 병을 고치려고 했습니다. 주위 사람들이 아무리 '아이는 이미 죽었으니까 이제 그만하라.'고 위로해도 아무 소용이 없었습니다.

그녀는 결국 그 아이를 고쳐 줄 의사를 찾기 위해 죽은

98

아이를 들쳐 업고 집을 나섰습니다. 그리고 각 고을의 의원을 찾아 '우리 아이를 살려 달라.'고 울부짖었습니다. '아이는 고칠 수 없습니다. 이미 죽었어요. 어서 돌아가세요.'라고 말하면 또 다른 고을로 갔습니다만 그 어디를 가도 이들 모자를 받아 주지 않았습니다.

이를 본 사람들은 '이 여자는 정신적으로 병들어 있다. 어떻게든 고쳐야 한다.'고 생각했습니다. 그리고 '이런 병이라면 확실히 고쳐 줄 수 있는 아주 훌륭한 의원이 있다.'며 그녀에게 석가모니가 거처하고 있는 절을 가르쳐 주었습니다. '이런 병이라면 그 의원밖에 없습니다.' 하고 모두가 인정했기 때문에 그녀는 너무 기뻐했습니다.

여인은 다시 한달음에 달려가 보니 석가모니는 많은 사람들 앞에서 한창 설법을 하고 있었습니다. 그녀는 망설임 없이 '의원님, 우리 아이가 병이 들었는데 부디 고쳐 주십시오.' 하고 애원했습니다.

그러자 석가모니는 태연하게 이렇게 말했습니다.

"잘 오셨습니다. 고쳐 드리겠습니다."

그 한마디에 그때까지 산불처럼 타오르던 그녀의 마

음이 진정되었습니다. 계속해서 석가모니는 그녀에게 말했습니다.

"그런데 이 아이를 치료하려면 약간의 약이 필요합니다. 겨자씨를 구해오십시오."

겨자씨는 아주 작은 것으로 인도의 어떤 집이나, 어떤 정원에 흔히 있는 것이었습니다. 그리하여 그녀는 힘없이 되물었습니다.

"그것만 있으면 됩니까? 그것뿐이라면 얼마든지 가져오겠습니다."

그러자 석가모니가 이렇게 말했습니다.

"하지만 한 가지 조건이 있습니다. 한 사람이라도 죽지 않은 집에서 가져오십시오."

그녀는 그렇게 하리라는 약속을 한 뒤 마을로 내려가 닫힌 문을 두드렸습니다.

"약이 좀 필요합니다. 겨자씨를 주실 수 없을까요?"

그 어떤 집이라도 겨자씨는 얼마든지 있었고 흔쾌히 가져다주었습니다. 그러나 '이 집에서 사람이 죽은 일이 있습니까?' 하고 물으면 대개 조상 대대로 살고 있는 집이기 때문에 '당연하지 않습니까. 살아 있는 사람보다 죽은 사람의 수가 많을 정도입니다.' 라고 말하는 것이었습니다. 그녀는 상심하여 다음 집, 또 다음 집으로 찾아 갔습니다. 종일 죽은 아이를 안고 마을에 있는 집들을 닥치는 대로 찾아다녔습니다. 마을은 상당히 컸기 때문에 그녀는 너무 피로에 지쳐 있었습니다. 더구나 종일 걸으면서 식사도 하지 못했고, 그때까지 많은 고생을 했기에 이제는 더 이상 발걸음조차 뗄 수 없었습니다. 그래도 그녀는 이를 악물고 아이에 대한 애정과 집착으로 걷고 또 걸었습니다. 밤이 되어도 여전히 그칠 줄은 몰랐습니다.

이제 도저히 어찌할 도리가 없을 때, 그녀는 이제야 '사람이 죽지 않을 수 없으니 아무리 찾아 다녀도 죽지 않은 집을 찾을 수 없구나.' 하고 단념했습니다. 그녀는 비로소 자신의 아이의 죽음을 인정할 수밖에 없었습니다.

사람이 죽는 것은 당연한 것이며, 되살릴 수 없습니다. 자신과 똑같은 고통은 누구나 맛보는 것임을 깨달았던 것입니다.

그녀는 그대로 죽은 아이를 무덤에 묻고 절로 돌아왔습니다. 그리고 새삼 석가모니에게 다시 한 번만 도와달라고 간청했습니다.

석가모니는 말했습니다.

"세상에 태어나는 것은 전부 사라집니다. 그건 당연한 이치입니다. 그것을 인정하지 않는 사람은 상당히 괴로워합니다. 그런 것에 구애받을 필요가 없기 때문에 마음을 자유롭게 하십시오."

그 후, 그녀는 출가하여 깨달음을 얻을 수 있었습니다.

사람이 죽는 것은 당연한 것이며, 되살릴 수 없다. 자신과 똑같은 고통은 누구나 맛보는 것임을 깨달아야 한다.

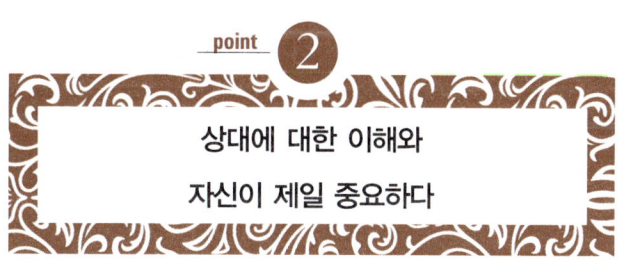

상대에 대한 이해와
자신이 제일 중요하다

앞장의 이야기에서 알 수 있는 것은 몹시 고민하고 정신적으로 잘못된 상태의 사람에게 석가모니는 정확히 대답해 주었다는 것입니다.

석가모니가 그처럼 흔쾌히 대답할 수 있었던 것은 그녀의 문제가 무엇인가를 즉시 이해했기 때문입니다. 그녀는 현실에 직면하고 싶지 않아서 도망치려 하고 있었습니다. 그러나 인정하는 것 외에는 방법이 없기 때문에 철저히 경험하게 한 것입니다.

상대에 대한 이해와 당당한 자신이 있었기 때문에

'잘 오셨습니다. 고쳐 드리겠습니다.' 라든가, '겨자씨를 조금만 가지고 오십시오.' 라는 말만 하면 되는 것이었습니다.

카운슬러로서 보더라도 석가모니는 정말 훌륭합니다. 우선 믿을 수 있는 당당한 인격입니다. '걱정할 것 없습니다. 낫습니다. 대수롭지 않습니다.' 라고 위세 당당한 자세를 취하고 자신 있게 그녀를 인식시켰습니다.

잘 기억해 두기 바랍니다. 우리가 만약 사람의 마음속에 있는 고민을 고쳐 주고 싶으면, 제일 먼저 필요로 하는 것은 자신과 그 사람의 문제에 대한 이해입니다.

그것만 있으면 세밀한 방법은 어떻게든 생각해 낼 수 있습니다.

이번은 파타차라 장로 비구니의 이야기입니다.

더없이 소중히 자란 아가씨가 있었습니다. 아버지는 대부호였으며, 그녀는 집 밖으로 나가는 일 없이 큰 성 안에서 생활했습니다. 돈은 평생 쓰고도 남을 정도로 많이 있었기 때문에 부모는 그녀를 고생시키지 않고 잘 키웠습니다. 사치스런 생활은 물론 지극히 자기중심적인 그녀의 말을 모두 들어주었으며, 그녀가 원하는 것이라면 무엇이든지 들어주었습니다.

그런 생활 속에서 결혼 적령기가 된 그녀는, 자신의 집에 있는 많은 하인들 중에서도 노예로 일하는 젊은 남자를 한순간 사랑하게 되었습니다. 그러나 상대에 대해 입 밖에 나기라도 한다면 당장 죽게 될지도 모를 정도로 신분 격차가 심했던 것이었습니다. 때문에 좀처럼 말을 할 수가 없었습니다.

그런데 그 딸은 자기중심적이어서 그 어느 것도 이해할 수 없었습니다.

"왜 그렇게 두려워하는 거지? 내가 싫은 거야?"

남자는 대답했습니다.

"당신은 너무나 사랑스럽지만 저에게는 제 입장이 있기 때문입니다."

그러자 이번에는 아가씨가 태연히 말했습니다.

"어머니나 아버지가 알면 곤란하니까 우리 둘이 도망치자."

비록 사랑의 도피를 하더라도 그때부터는 두 사람만

의 힘으로 생활을 해나가야 하는데, 너무 사치스럽게 자란 그녀는 인생을 전혀 알지 못했습니다.

딸은 그 후에도 여기서 도망쳐서 함께 살자며 집요하게 남자를 유혹했습니다. 그러던 어느 날 밤, 그녀는 마침내 남자를 이끌고 도망쳤습니다.

당시만 해도 남자는 노예였기 때문에 잡히면 죽었습니다. 때문에 한 번 집에서 나와 버리면 어디에도 발붙일 곳조차 없습니다. 그리하여 다른 나라로 도망가서 혹심한 노동으로 겨우 먹고 사는 몹시 가난한 생활을 해야 했습니다.

얼마 안 되어 그녀는 임신을 했습니다. 임신하자 걱정과 불안으로 어머니가 그리워졌습니다. 그리하여 남편에게 '이제 곧 아이도 태어날 테니, 어서 집으로 돌아가자.'고 말했습니다.

남자는 물론 돌아갈 수 없기 때문에 '안 돼. 집으로 돌아가면 나는 그 즉시 죽어. 나는 갈 수가 없어. 아이는 여기서 낳도록 하라.'고 말했습니다. 그러자 그녀는 혼자서라도 집으로 돌아가려고 길을 나섰습니다. 마음씨 착한 남자는 그녀를 보호해야 한다는 생각으로 뒤를 쫓아

갔습니다.

집으로 돌아가는 도중에 그녀는, 숲 속에서 산고를 느꼈고 그 누구의 도움도 없는 상태에서 그럭저럭 아이를 낳았습니다. 아이를 낳고 나니 집으로 돌아가야 한다는 것에 대해 아무런 의미가 없다는 생각이 들었습니다. 그리하여 다시 돌아가기로 했습니다.

얼마 후, 여인은 또다시 임신을 했습니다. 출산이 다가왔을 무렵 여인은 전과 마찬가지로 부모님이 계신 집으로 가려고 도망쳐 나왔습니다. 여인의 남편은 아내가 혼자 가는 것이 위험스럽고 불쌍하다는 생각에 또다시 뒤따를 수밖에 없었습니다. 숲 한가운데서 그녀를 발견하였을 때는 이미 어두운 밤이었습니다.

게다가 억수같이 비가 쏟아지기 시작했습니다. 우리나라의 비와는 다른 무서운 스콜(squall : 단시간에 국부적 돌풍, 종종 비, 눈, 진눈깨비 등을 수반함)이었습니다. 그런 상황 속에서 그녀의 진통이 시작되었습니다. 남자는 '큰일이다. 어떻게든 비에 젖지 않도록 해야 해.' 하고 생각하고는 지붕을 만들 만한 목재를 찾으러 나섰습니다. 그런데 불행하게도 도중에 뱀에게 물려 죽고 말았습니다.

　그녀는 남편을 기다렸으나 아무리 기다려도 돌아오지 않았습니다. 그리하여 어쩔 수 없이 억수같이 퍼붓는 빗속에서 추위에 떨며 아이를 낳았습니다.

　그녀는 칠흑같이 어둡고 위험한 숲 속에서 갓 태어난 아이와 이제 막 돌이 지난 아이를 돌봐야 했습니다. 간신히 자신의 배와 두 손, 두 다리로 동물처럼 두 아이를 감싸 보호하며 '그놈은 도망간 모양이야.' 하는 욕설을 퍼부으면서 아침까지 뜬 눈으로 지새웠습니다.

　그런데 아침에 일어나 보니 그곳에서 멀지 않은 곳에 남편이 죽어 있었습니다. 너무나 큰 충격이었습니다. 이젠 의지할 사람이 아무도 없었습니다. 그녀는 이대로 집으로 돌아가려고 생각했습니다.

　집으로 돌아가려면 강을 건너야 했습니다. 하지만 어젯밤에 내린 비로 인해 강물이 범람해 있었습니다. 그리하여 그녀가 생각한 것은 두 아이를 따로따로 데리고 건너가기로 했습니다. 큰 아이에게 "너는 여기서 기다리고 있어." 하고는 우선 갓난아이를 안고 강을 건너갔습니다. 그리고 강기슭의 풀 위에 갓 태어난 아기를 놓고 큰 아이를 데리러 되돌아갔습니다.

강 한가운데쯤 왔을 때 그녀는 큰 수리가 갓 태어난 아기를 노리고 있다는 것을 알아챘습니다. 새보다 빨리 뒤돌아간다는 것이 불가능하기 때문에 그녀는 큰 소리를 지르며 손뼉을 쳐서 수리를 유인하려고 했습니다.

그런데 그 외치는 소리를 들은 큰 아이가 '아, 엄마가 부르고 있다.'고 생각하고는 물로 뛰어 들어갔습니다. 하지만 눈 깜짝할 사이에 급류에 휩쓸리고 말았습니다. 또한 수리가 갓 태어난 아기마저 낚아채 가버렸습니다.

이렇게 하여 그녀의 가족은 하루 사이에 모두 죽고 말았습니다.

이윽고 그녀는 착란상태에 빠져 버렸습니다.

그녀는 본능적으로 친정집으로 발길을 돌렸습니다. 그러나 그 집이 어디에 있는지, 그곳까지 가는 길을 물어도 무슨 까닭인지 그 어느 누구도 가르쳐 주지 않았습니다.

끈질기게 묻고 물어 겨우 알게 된 사실은 어젯밤 폭풍우가 몰아칠 때 자신이 살던 집에 벼락이 떨어져서 부모와 형제가 모두 죽었다는 사실이었습니다.

그 말을 들은 그녀는 순간적으로 정신이 이상해지고 말았습니다. 정말로 전부 없어져 버린 것이었습니다. 갈 곳도 돌아갈 곳도 없어진 그녀는 울면서 여기저기 뛰어다녔습니다. 입고 있는 옷도 전부 벗어 버렸지만 그것마저도 모를 정도였습니다. 그 모습을 본 아이들은 돌을 던졌습니다. 너무나 비참한 꼴이었습니다.

그런 그녀를 본 사람들이 '여기를 돌아서 저쪽으로 가면 갈 곳이 있다.' 며 석가모니에게 가는 길을 가르쳐 주었습니다. 그녀는 발가벗은 채 석가모니를 찾아갔습니다.

그녀를 본 사람들은 한결같이 정신 나간 여자니까 안으로 들일 수 없다며 반대했지만 석가모니는 대수롭지 않게 말했습니다.

"아니다. 그녀를 들여보내라."

그러고는 말을 이었습니다.

'어서 오시오. 잘 오셨습니다. 이제 돌아오십니까.'

그녀는 갑자기 이 말에 번뜩 제정신이 들었습니다. 또한 자신이 발가벗고 있다는 것을 깨닫고는 얼른 옷을 빌려 입었습니다. 그녀는 석가모니의 설법을 듣고 출가하기까지 상당히 오랜 시간이 걸렸지만 결국은 깨달음을 얻을 수 있었습니다.

우리가 만약 사람의 마음속에 있는 고민을 고쳐 주고 싶으면, 제일 먼저 필요로 하는 것은 자신과 그 사람의 문제에 대한 이해다. 그것만 있으면 세밀한 방법은 어떻게든 생각해 낼 수 있다.

무엇인가에
의존하여 사는 것은 위험하다

앞에서 보듯이 그녀의 문제는 스스로는 전혀 독립할 수 없는 상태입니다. 집에 있을 때는 계속 부모에게 의지하고, 사랑의 도피를 하고는 남편에게 의지하고……. 아무튼 어느 사람에게든 의지하려고만 했습니다.

그래서 결국 어떻게 되었을까요?

의지하고 있던 것이 모두 없어졌을 때 정신이 이상해졌습니다. 그녀에게 필요한 것은 '아무에게도 의지하지 않는다. 나는 나로서 산다.' 라는 강한 정신력이었는데, 그것을 처음부터 아무도 가르쳐 주지 않았습니다.

석가모니는 그녀를 보고 한순간에 이해했습니다. 그리하여 단 한 마디 "이제 돌아오십니까?"였습니다. 보통 자신의 집에 돌아왔을 때 사용하는 말입니다. 때문에 그 한 마디로 그녀의 마음에는 '아아, 겨우 집으로 돌아올 수 있었다. 이제 안심이다.' 하고 실감했던 것입니다.

문제의 해결은 될 수 없지만, 그녀가 그때 무엇보다 필요로 하고 있던 것은 의지할 곳이었기 때문에 우선 그것밖에 방법이 없었던 것입니다.

여담이지만 석가모니의 목소리는 잘 울리는 저음으로, 들으면 누구나 마음이 진정되는 훌륭한 목소리였다고 합니다. 그런 목소리로 '이제 돌아오십니까?' 라고 말했으니 그녀도 마음이 조용해지고 진정된 것입니다.

그 후로는 부모에게 상담하러 온 것 같은 기분으로 석가모니로부터 여러 가지 설법을 들었다고 합니다.

마지막으로 석가모니는 그녀에게 말했습니다.

"이 세상에서 아무것도 의지할 것은 없습니다. 아무도 의지가 되지 않습니다. 양친도, 형제도, 남편도, 자식도, 재산도 여러분의 건강도 무엇 하나 여러분이 의지할 것이 못 되기 때문에 전부 버리도록 하십시오.'

'자신조차 자신이 의지할 것이 못된다.'는 것은 극히 고도의 진리임에도, 그녀의 경우는 다행히도 재빨리 알아챌 수 있었습니다. 때문에 곧 '아아, 그렇구나. 나는 이제 아무것도 의지하지 않는 마음을 가져야 한다.'고 생각할 수 있었습니다.

어느 날, 그녀가 자신의 방에서 명상을 하고 있을 때 기름이 떨어져서 불이 꺼지고 말았습니다. 그 불이 꺼지기 전에 두세 번 큰 불꽃이 확 솟았고 그 순간에 그녀는 깨달음을 얻었다고 합니다.

이 세상에서 아무것도 의지할 것은 없다. 아무도 의지가 되지 않는다. 양친도, 형제도, 남편도, 자식도, 재산도, 건강도 무엇 하나 의지할 것이 못 되기 때문에 전부 버려야 한다.

자신의 마음조차
의지할 것이 못 된다

　자신조차 자신이 의지할 것이 못 된다는 것도 중요한 점입니다. 이것은 정신적으로 약한 사람이 실감하기 쉬울지도 모릅니다.

　우리들은 우리들의 마음조차 믿을 수 없습니다. 만약 자신의 마음을 믿을 수 있다면 무슨 일이 닥쳐도 문제가 없을 것입니다.

　그런데 인간은, 예를 들면 조금이라도 예상하지 못했던 사건이 일어나면 충격을 받아 곧 자신이 없어져 버립니다. 그래서 집을 나갈 수도 없게 되어 틀어박혀 있는 사람들도 있습니다.

'마음은 커다란 바보'라는 것은 앞에서도 말했지만, 마음이라는 것은 조금이라도 충격을 받는 순간에 의지할 수 없게 되는 것입니다. 아무리 '정신 차려.' 하고 스스로 말해야 소용없습니다. 본인의 마음조차 본인을 도울 수 없는 것입니다. 조금만 무슨 일이 있어서 마음에 상처를 입으면 인생은 이제 끝장입니다.

유럽에서는 자신의 정신은 훌륭한 것으로 되어 있지만, 우리는 그렇게 말하지 않습니다. 자신의 마음조차 '그런 것은 의지할 것이 못 됩니다.' 하고 말해 버립니다.

몸에 약간의 상처를 입은 정도라면 일회용 밴드라도 붙여 두면 낫습니다. 100원 정도일까요. 하지만 마음에 조금이라도 상처를 입으면 전혀 낫지 않습니다. 그렇게 의지할 것이 못 되기 때문에 처음부터 의지하지 않는 것이 좋습니다.

여기서 짚고 넘어가야 할 것이 있습니다.

우선 그녀가 왜 가혹한 처지에 놓였었는가 하면, 세상 물정도 모르는 자기중심적인 아이로 자랐기 때문입니다. 세상에 대한 것을 전혀 모르면 그런 행동을 하고 맙니다.

이것은 중요한 애기라서 기어해 두기 바랍니다만, 자식에게 고생시키지 않고 부모의 자기만족으로 멋대로 자라게 하면 자식은 반대로 죽을 때까지 철저히 고생하게 됩니다.

부자 집 아들이든, 의사의 아들이든 학교에 가면 '도련님'으로 불리는 일은 없습니다. 오히려 '이놈' '저놈'이니 하는 말로 불리고 맙니다. 사회에 나가면 누가 걱정해 주는 사람조차 없습니다.

결국은 누구나 그런 식으로 '한 사람의 인간'으로서 살아가야 합니다. 때문에 누구든 보통으로 길러야 합니다. 자기 자식만 귀여워하고, 사치하도록 멋대로 내버려 두는 부모는 자식에게 일부러 불행을 가져다주는 무자비한 사람입니다.

전체적으로 보면 우리가 살아가는 사회는 나쁜 사회가 아닙니다. 오히려 상당히 평화롭습니다. 서로가 마음 쓰고 예절 바르게 살고 있는 사회라 생각합니다.

하지만 이렇게 훌륭한 사회인데도 불구하고 갑자기 대단한 사건이 일어나기도 합니다.

예전에는 고교생이나 대학생이 나쁜 짓을 일삼고는

했는데 그것이 언제부터인가 중학생이 되고 현재는 초등학생이 터무니없는 행동을 하는 시대가 되었습니다. 젊은 사람은 폭행이나 여러 가지 무서운 행동을 하고, 초등학생인데도 살인을 합니다.

이렇게 모든 것이 정리된 평화롭고 풍족한 사회에서 문제가 일어난다는 것은 역시 부모의 양육 방법이 잘못되었다고 생각합니다. 아이의 경우는 학교와 양친의 문제이고, 어른의 경우는 사회와 회사의 문제입니다. 유감스럽게도 그렇게 잘못 자란 남자와 여자가 결혼을 해 봐야 좋은 가족이 될 수 없을 것입니다. 그래서 가정의 문제가 나타나는 것입니다.

자식에게 고생시키지 않고 부모의 자기만족으로 멋대로 자라게 하면 자식은 반대로 죽을 때까지 철저히 고생하게 된다.

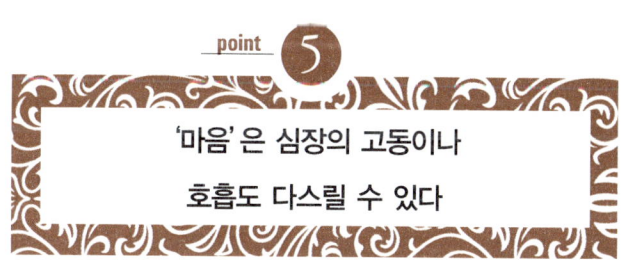

'마음'은 심장의 고동이나 호흡도 다스릴 수 있다

언제 지진이 일어날지 모릅니다. 때문에 내 곁의 소중한 사람이 2~3초 만에 죽어 버리는 경우도 있을 수 있습니다.

그것이 아니라도 화재 등으로 한순간에 전 재산이 사라져 버리는 경우도 있을 수 있습니다. 그럴 때 어떤 정신으로 살아가야 하는 것인가 하고 묻는다면 '언젠가는 전부 사라질 테니까 그것으로 족한 것이 아니겠나.' 하고 생각합니다. 즉 '아무것도 익지할 필요가 없다.'는 것이 대답입니다.

앞장에서 열거한 여인은 의지할 곳이 모두 사라졌을 때 머리가 이상해졌지만, 마지막에는 '의지할 것은 사실 아무것도 없습니다.'라는 것을 이해한 것입니다.

그것을 이해하지 못하는 것이 현대인의 이기심이라 할까, 머리가 나쁘다는 점입니다. 바람직하지 않은 변화는 아무것도 인정하고 싶지 않은 것입니다. 지진이 일어나거나 천재지변 아니면 우연이라도 할아버지, 할머니, 어머니, 아이들 모두 죽습니다. 아무리 슬퍼해도 그런 것은 불가사의한 그 어떤 것도 아니기 때문에 우리는 이를 인정해야 합니다.

천재지변은 아무도 막을 수 없습니다. 그런데 인간은 어떻게든 되겠지 하고 생각하고 있습니다. 때문에 이것을 이루지 못하면 '도와주지 않았다.'고 신까지 원망합니다. 하지만 그것은 너무 심한 착각입니다.

석가모니는 '아무것도 의지할 것이 못 된다.'는 것을 이 이야기에서 가르쳐 주고 있는 것입니다.

자연의 법칙을 인정하고 싶지 않다는 것은 너무 어리석다. 자연의 법칙을 수정할 수 있는 사람은 아무도 없기 때문에, 자연의 법칙에 의해 세상에서 일어나는 것은 모두 당연한 것이다.

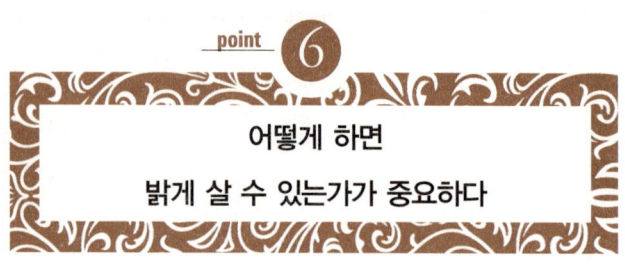

어떻게 하면
밝게 살 수 있는가가 중요하다

병원에서는 암에 걸려도 의사가 본인에게 알려주지 않는 경우가 많습니다. 가족도 본인에게 알려서는 안 된다고 말합니다. 이런 것은 극히 심한 문화라고 생각합니다.

암이 낫는다면 말하지 않는 것이 옳을 것입니다.

하지만 말을 하든 안 하든 마찬가지입니다. 죽는다는 것은 틀림이 없기 때문입니다.

죽기 바로 직전의 한순간에 완치되는 경우가 있을지도 모르기 때문에 인간은 최후까지 노력하는 강한 정신이 필요합니다. 때문에 비록 한 달이든, 일 년이든, 일주일이든 남은 인생을 본인이 정확히 계획을 세워서 살 수 있도록 해주어야 합니다.

그런데 환자 본인 스스로가 '내가 암입니까?' 하고 물으면 '그렇지 않습니다.' 하고 대답해 버립니다. 그러면 환자를 돌보는 사람들도 그 사람이 죽을 때까지 계속 거짓말을 하지 않으면 안 되게 됩니다.

정말 그래도 된다고 생각하는지요?

언젠가 암이라는 것을 본인도 느끼고 '거짓말을 하고 있다.', '속았다.', '배신당했다.' 고 생각할지도 모릅니다. 그런 것은 정말 좋지 않은 일입니다.

인간은 누구나 '암입니다.' 라는 말을 듣는 순간 '왜 하필이면 내가 암에 걸린 거지?' 하고 생각해 버립니다.

하지만 '나' 는 병이 피해서 지나가는 특별한 사람도 아니고, 누구나 똑같은 몸이니까 당연한 것처럼 병에 걸립니다.

그러므로 병에 걸린 것 자체를 고민할 필요는 전혀 없습니다. 그 나름의 치료가 있다면 치료를 받으면 될 것이고, 치료법이 없다고 한다면 그대로 즐겁고 밝게 인생의 나머지 날들을 계산하여 사는 것입니다. 나머지 90일의 생명이라는 말을 들으면 그것을 하루하루 '오늘은 이것을 하자. 내일은 이렇게 해보자.'는 식으로 생각하면서 삽니다. 남은 기간을 어떻게 하면 밝게 살 수 있는가가 중요한 것입니다.

자신이 놓인 상황을 인정하지 않는 한 이런 생활태도는 절대로 무리입니다. 때문에 자연을 인정하지 않는 것은 커다란 문제입니다.

병에 걸린 것 자체를 고민할 필요는 전혀 없다. 그 나름의 치료가 있다면 치료를 받으면 될 것이고, 치료법이 없다고 한다면 그대로 즐겁고 밝게 인생의 나머지 날들을 계산하여 사는 것이다.

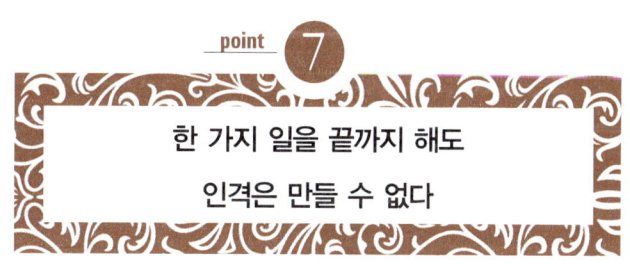
한 가지 일을 끝까지 해도
인격은 만들 수 없다

마지막 이야기입니다.

공부를 아주 잘하고 머리가 좋은 청년이 있었습니다. 게다가 이 청년은 왕이 의지하던 신하의 아들로 그 배경도 남보다 훨씬 좋았습니다. 왕의 고문으로서 '이렇게 하는 것이 좋지 않을까 합니다.' 하고 조언을 하는 그런 사람의 아들이었습니다.

그 당시도 아이가 자라게 되면 학교에 가게 됩니다. 인도의 학교는 기숙사 생활을 해야 하기 때문에 대체로 12세부터 30세까지 학교에서 살며 공부합니다. 그 청년은 언제나 우등생으로, 잘못을 저지른다거나 나약한 면은 전혀 없었습니다.

너무나 공부를 잘했기 때문에 아무래도 선생은 그 청년을 사랑스러워했습니다. 때문에 그 청년은 다른 학생들의 질투 대상이 되고 말았습니다. 다른 학생들도 정말로 선생에게 사랑받고 싶었지만, 선생의 입장에서 보면 공부도 제대로 못 하는 녀석들이라 친절하게 대해 주지 않았던 것입니다.

그리하여 다른 학생들은 그룹을 지어서 흉계를 꾸몄습니다. 그리고 '그 사람이 선생님의 부인과 그렇고 그런 사입니다.' 라는 터무니없는 말을 만들었습니다. 인도에서 그것은 너무나 무서운 죄였습니다. 선생을 신처럼 존경하였고 그 부인에 대해서도 마찬가지였습니다.

선생의 부인 입장에서 보더라도 정말로 공부를 잘하는 그 청년이 사랑스러울 것입니다. 아무런 증거는 없지만 분명히 부인과도 친했을 것이라 생각하게 됩니다.

선생은 그 이야기를 들었을 때 '이 학생과 아내가 친하다면 정말일 것이다.' 라고 믿어 버렸습니다. 일단 그렇게 생각해 버리자 도저히 용서할 수 없어서 이 청년을

126

죽이지 않고는 성이 풀리지 않을 것 같았습니다. 그런데 자신이 죽인다면 범죄자가 되어 버릴 것이고, 학생들에게 부탁하면 모두 붙잡힐 것입니다. 때문에 선생은 하나의 궁리를 생각해했습니다.

이 학교에서는 수업이 끝나면 선생에게 인사하고, 그날의 학비를 지불하도록 되어 있었습니다. 그때 선생은 '너는 학비가 필요 없다. 그 대신 힌두의 의식을 하나 들어 주겠니?' 하고 물었습니다.

청년은 물론 '어떤 의식이든 하겠습니다, 선생님을 위해서라면' 하고 대답했습니다. 선생은 '나는 신에게 사람의 손가락을 천 개 바치기로 약속했는데 그것을 젊은 네가 해주면 좋겠다. 다만 한 사람에게서 손가락 한 개 이상 잘라서는 안 된다.'고 말했습니다. 청년은 선생의 말은 무엇이든 옳다고 믿고 사람을 죽이기 위해 무기를 가지고 숲으로 들어갔습니다.

아무튼 이 청년은 공부밖에 몰랐습니다. 공부를 너무 잘한다는 것도 좋지 않은 것 같습니다. 세상을 알려고도 하지 않고 오로지 책을 읽고 그대로 암기만 하는 사람들 중에 사람을 죽이는 사람이 있다는 것은 여러분도 알고 있는 바와 같습니다. 그런 사람은 별로 머리가 좋은 것이 아닙니다. 마음도 시야도 아주 좁은 사람입니다.

그 청년은 젊고 체력이 있기 때문에 너무나 무서운 살인자가 되어 버렸습니다. 아무튼 보는 사람마다 잡아 죽여서 손가락을 잘랐습니다. 그리고 목걸이에 손가락을 끼워 두었습니다. 그렇게 하는 사이에 목 언저리는 자신이 죽인 사람의 손가락으로 주렁주렁 매달려 있었습니다.

선생의 말대로 천 개를 바쳐야 하기 때문에 죽여도, 죽여도 끝이 없었습니다. 사람들 사이에서도 '무서운 살인마 같은 대악마가 나타났다.' 며 두려워하기 시작했습니다.

누가 가도 잡지 못하고 살해되어 버리기 때문에 결국은 왕이 군대를 총동원하여 자신이 몸소 나가야 할 상황이 되었습니다.

마침내 왕이 나선다는 말을 듣고 그 청년의 어머니는 '이번에야말로 아들은 잡히고 말 것이다. 그전에 자신이 숲으로 가서 도망치도록 하자.' 고 생각했습니다. 역시 자신의 아들이니까요…….

어느 날, 그 어머니는 아침 일찍 일어나서 남편 몰래 아들이 있는 숲으로 향했습니다. 마침 그때, 그 청년은 999개의 손가락을 잘랐고, 한 개만 남아 있었습니다.

청년은 '앞으로 한 개다. 그것으로 자신의 고통이 끝나고 보통사람으로 돌아갈 수 있다.'고 생각하고 있었습니다.

그도 이미 지쳐 있었습니다. '천 개를 채워서 선생님에게 드리면 부모에게 돌아갈 수 있으니까, 오늘은 누가 오든 무조건 죽이자.'는 마음만이 머릿속을 맴돌고 있었습니다.

석가모니는 그것을 알아채고 '오늘 그놈은 자신의 모친도 모르고 죽일 것이다. 그렇게 되면 모두 끝장이다.'하고 걱정하고 있었습니다. 자신의 모친을 죽이는 죄를 범하면 비록 석가모니라 할지라도 구할 수 없습니다. 그러므로 그전에 어떻게든 해야 한다고 생각하며 석가모니는 숲 속에 나타났습니다. 그리고 일부러 그의 곁으로 천천히 걸어갔습니다.

그것을 본 청년은 '다행이다. 오늘은 뛰지 않아도 되겠다. 행인(불법을 수행하는 사람)은 뛰지 않고 간단히 잡을 수 있을 것이다.' 하고 생각하고는 마음 놓고 쫓기 시작했습니다.

그런데 이상하게도 아무리 쫓아가도 행인은 잡히지 않았습니다. 석가모니는 언뜻 보기에 천천히 걷는 것처럼 보였지만 상당히 빨리 걷고 있었기 때문이었습니다. 움직임에 낭비가 없는 데다 약간의 신통력을 발휘하고 있었기 때문에 보통사람으로서는 할 수 없는 것을 석가모니는 할 수 있었던 것입니다.

그는 석가모니를 쫓으면서 '사문(출가하여 수행하는 사람)이여, 멈추시오.' 하고 말했습니다. 그러자 석가모니는 '당신이야말로 멈추시오. 나는 이미 멈추어 있으니까.' 하고 말했습니다.

행인이 거짓말을 할 리가 없기 때문에 그는 놀랐습니다. 그리고 '무슨 말을 하는 겁니까? 나는 멈추어 있고, 당신은 뛰고 있지 않소? 뛰고 있는 당신이 멈추어 있다 하고, 멈추어 있는 내가 뛰고 있다고 하는데 어떻게 된 겁니까?' 하고 석가모니에게 물었습니다.

석가모니는 태연히 '당신은 여러 가지로 많은 악행을 저지르며 날뛰고 있지 않소? 나는 모두 멈추고 있소이다. 모든 행동을 정지하고 있기 때문에 멈추고 있는 거요.' 하고 말했습니다.

그 말을 듣는 순간 그는 자신의 진짜 마음을 되찾았습니다. 그리고 원래 공부를 좋아했기 때문에 '이 사람의 말을 좀 더 듣고 이해하고 싶다. 배우고 싶다.' 하여 그 자리에서 출가했다고 합니다.

이제 출가한 사람이기 때문에 석가모니는 자신의 제자로 데리고 돌아갔습니다.

한편, 왕은 그날 아침, 많은 군대를 이끌고 출정할 준비를 하고 있었습니다. 그런데 막상 출정하게 되자 망설여졌습니다. 실은 왕조차 숲 속에서 게릴라 전쟁을 하고 있는 것 같은 상대에게 군대를 이끌고 가도 당할 게 분명했기 때문에 두려웠던 것입니다.

그래서 '출정하기 전에 우선 석가모니에게 인사를 하자.' 는 구실을 만들었습니다. 만약 자신이 살해될 거라면 석가모니 역시 걱정이 되어 가지 말라고 할 것이기 때문입니다. 석가모니가 가지 말라고 하여 가지 않는다면 자신의 체면도 구기지 않을 것입니다. 왕은 이런저런 생각을 하면서 석가모니를 만나러 갔습니다.

왕을 만난 석가모니는 물었습니다.

"왕께서는 오늘 좀 이상하군요. 전쟁이라도 할 생각입니까? 이웃나라가 침략이라도 해 온 겁니까?"

왕이 대답했습니다.

"우리나라에 대악인이 나타났습니다. 무서운 살인자입니다."

석가모니가 다시 물었습니다.

"그래요? 그러면 만약 그 악인이 이미 출가하여 마음을 개심하고 개미 한 마리 죽이지 않는 마음이 되어 있다면 어떻게 하겠습니까?"

"그렇게까지 회개하고 있다면 저 역시 그 사람에게 머리를 숙여 절하고 지켜 주겠습니다."

왕이 말했을 때 석가모니는 왕의 손을 잡고 "바로 내 옆에 있는 사람이 그 사람입니다." 하고 말했습니다. 평소의 석가모니는 별로 사람의 손을 잡지 않는데, 이때는 예외였습니다. 왜냐 하면 왕은 무서워서 틀림없이 도망갈 것이라 생각했기 때문이었습니다. 그러나 왕이 사람들 앞에서 도망친다면 체면이 말이 아닙니다. 그리하여 석가모니는 먼저 왕의 손을 잡아 두었던 것이었습니다.

여기서도 석가모니의 관대함이 보입니다. 왕의 입장도 지켜 주고 싶었고, 그 청년도 지켜 주고 싶었던 것입니다. 그러나 그 청년은 살인자이기에 왕이 명령하여 지켜 주도록 작용한 것입니다.

왕은 정말 깜짝 놀라서 몹시 두려웠는데, 석가모니가 손을 잡고 있어서 마음이 놓여 그 자리에서 그 사람에게 절하고 '그러면 앞으로 착실히 수행하십시오. 제가 당신을 지켜 드리겠소.' 하고 약속하고 돌아갔습니다.

우리가 흔히 볼 수 있는 현상이지만, 한 가지만 철저히 한다는 것은 결코 칭찬받을 만한 것이 못 됩니다. 뭔가 한 가지에 몰두해 버리면 주위가 보이지 않게 되어 완벽한 인격이라는 것은 형성될 수 없습니다.

지금의 의학 세계만 하더라도 그렇습니다. 심장외과 의사라면 심장밖에는 모르고, 신경과 의사는 신경밖에 모릅니다. 너무 세분화되어 있습니다.

하나의 분야는 깊이 공부하고 있지만 다른 분야와의 관계는 모르기 때문에 여러 가지 병의 증상을 깨닫지 못합니다. 그래서 병들어 병원에 가도 병을 고치기는커녕 사망하는 경우가 생깁니다. 때문에 단순히 한 가지를 공부한다는 것만으로는 안 됩니다.

좋은 대학에 들어가려고 내용을 잘 이해하지 않고 무작정 그대로 외우기만 하는 사람도 있는데, 그래서는 암기에 자신이 있는 '공부 잘하는 사람'은 될 수 있어도 '머리가 좋은 사람'은 결코 되지 못합니다.

우리가 흔히 볼 수 있는 '공부 잘하는 것은 좋은 것이다.'라는 풍조는 대단히 좋지 않다고 생각됩니다. 왜냐하면 그런 사람은 남의 말을 이해하지 못하고 그대로 받아들이기 때문입니다. 좀 더 선생에게 부딪쳐 보거나 스스로도 비교해 보거나 반대해 보려고 하지 않습니다.

선생 입장에서 보면 이상적이라고 생각합니다. 공부도 열심히 하고 숙제도 잘해 와 손이 많이 가지 않는 학생입니다.

그러나 그것을 반복하고 있는 사이에 본인의 의사는 어디론가 날아가 버립니다.

한 가지만 철저히 해서 그 결과 머리가 나빠진다는 현상은 현대 사회에도 그대로 적용됩니다.

회사에서는 일을 아주 잘하는 사람이 가정에서는 무

능하다는 말이 있습니다. 비록 회사에서 대단한 출세를 했다 해도 집에 대해서는 아무것도 할 수 없기 때문에 퇴직하는 순간, 그 후 어떻게 살아가야 할지 모르게 됩니다.

우리들은 사회라는 커다란 체계 속에서 톱니바퀴처럼 일을 하고 있는 것인데, 다른 것과는 관계없이 한 가지 일에만 제멋대로 몰입하고 있어 봤자 의미가 없습니다. 때문에 너무 세분화된 전문적인 세계밖에 모르는 것은 좋지 않습니다. 자기 혼자 자기중심적으로 돌고 있으면 그렇게 돌고 있는 동안에는 좋지만 그것은 역시 계속되지 못합니다.

인간은 결국 사회라는 커다란 그림 속의 일부입니다. 의학에서도, 수학에서도, 어떤 학문에서도 좋지만 무엇을 아무리 공부해도 자신은 사회라는 커다란 그림 속의 일부에 지나지 않는다는 것을 결코 잊어서는 안 됩니다. 일부분만 화려해지면 아름다운 그림이 되지 않습니다.

무대 연기에서도 마찬가지입니다. 주역이 있으면 조역도 있고 엑스트라도 많이 있습니다. 반약 그런 사람이 주역을 제쳐 두고 제일 앞에 나서서 멋대로 한다면 드라

마가 이루어질 수 없습니다.

노래도 그렇습니다. 합창단 쪽이 중심이 되어 노래하는 사람보다 잘 부르는 경우가 흔히 있습니다. 합창하고 있는 것은 프로들이지만 앞에 나가 노래하는 것은 노래가 서툰 아이들입니다. 그 사람만으로는 목소리가 좋지 않고 들어줄 수 없을 정도입니다. 그러나 합창단의 사람이 정확히 부름으로써 전체적으로 아름다운 노래가 완성됩니다. 합창단이기 때문에 물론 뒤에서 노래 부르지만, 그 사람들은 정확히 정신적인 훈련도 하고 있기 때문에 각각의 악기 소리의 고조, 강약, 앞에 나서는 아이들과의 조화를 잘 맞추어 전체로써 아름답게 되도록 부를 수 있는 것입니다.

그런데 합창단원들이 '자신들이 노래를 더 잘 부르기 때문에' 라며 큰 소리로 노래 부르면 어떻게 될까요. 도저히 노래가 될 수 없습니다.

이와 같이 좋은 결과라는 것은 모두가 각자의 부분에서 최선을 다했을 때 나타나는 것이며, 자기 멋대로 해서는 좋은 결과를 바랄 수 없습니다.

그러므로 공부나 일도 그것을 정확히 이해한 후에 해

아 합니다. 자신만 생각하고 돈 버는 일에만 전념했다고 생각하는데, 결국은 파산하고 마는 사람이 있습니다. 사회나 세계라는 것이 있음으로써 자신도 있다는 것을 정확히 이해하고 있으면 이런 문제는 일어나지 않을 것입니다.

인간은 결국 사회라는 커다란 그림 속의 일부에 지나지 않는다. 의학에서도, 수학에서도, 어떤 학문에서도 좋지만 무엇을 아무리 공부해도 자신은 사회라는 커다란 그림 속의 일부에 지나지 않는다는 것을 결코 잊어서는 안 된다. 일부분만 화려해지면 아름다운 그림이 되지 않는다.

point 8

진정한 나를 발견해야 한다

앞에서 열거했듯이 석가모니는 999개의 손가락을 모은 청년에게 무엇을 가르쳐 주었을까요? 그 사람은 지식도 있고 머리도 좋았습니다. 그런데 정신적으로 여유가 없었습니다. 다시 말해서 사람을 받아들이는 마음이 좁은 것입니다. 그래서 석가모니는 이 '협량(사람을 받아들이는 마음이 좁음)'을 그에게 가르쳐 주었습니다.

원래 머리가 좋은 사람이었기 때문에 지극히 합리적인 말로, 그리고 대담하게 행동하면서 이야기를 들어 주었던 것입니다. 석가모니는 그것을 그의 표정에서 추측

하고 헤아려 이 사람에게 시독히 어려운 문제를 냈습니다. 그러면 이 청년이 '어? 그게 대체 뭘까?' 하고 흥미를 가질 것이 뻔했기 때문입니다.

그리하여 석가모니가 '나는 멈추어 있습니다. 당신은 뛰고 있습니다.' 고 말하는 순간 그의 마음이 열린 것입니다. 그는 '이것은 어려운 문제이기 때문에 생각해야 한다. 아무쪼록 가르쳐 달라.' 라는 기분이 들었던 것입니다.

석가모니는 '산다는 것은 생명을 사랑하는 것이며, 파괴하는 것이 아니다. 생명을 사랑하기 위해, 돕기 위해 공부하는 것이며, 무기를 갖는 것은 공부가 아니다.' 하고 장황하게 설법했습니다. 그리하여 그 청년도 그제야 진정한 자신을 발견할 수 있었던 것입니다. 후에 청년은 아라한(완전히 개심하여 진리를 깨달은 성자)이 되었다고 합니다.

위의 이야기에서도 알 수 있듯이 석가모니의 심리요법이라는 것은 그 사람의 성격에 맞는 방법입니다. 하나씩 이야기를 해독하기만 해도 어떤 힌트를 얻을 수 있는데, 이런 이야기는 끝이 없이 많이 있습니다.

산다는 것은 생명을 사랑하는 것이며, 파괴하는 것이 아니다. 생명을 사랑하기 위해, 돕기 위해 공부하는 것이며, 무기를 갖는 것은 공부가 아니다.

마음을 위한 질문과 답

무엇을 해도 허무하다고 하는 사람들은

자신이 철학적으로 세상을 보고 있다고 착각하고 있다.

그래서 '무엇을 해도 허무하다고 느끼는 자신은

상당히 고차원에서 세상을 보고 있는 것이 아닐까.

불교에서 말하고 있는 생사를 초월한 지혜가 있는 게 아닐까?'

하고 생각한다. 그러나 사실은 전혀 그렇지 않다.

이런 사람들은 희망이 없기는커녕

너무 큰 희망을 지나치게 가지고 있는,

지혜라고는 전혀 없는 바보에 지나지 않는다.

스커트를
주문한 대로 고쳐 주지 않는다

스커트를 고쳐 달라고 맡겼는데 아무리 해도 자신이 주문한 대로 고쳐 주지 않습니다. 왜 제대로 전달이 되지 않은 것일까요?

점포의 점원이 자신이 희망하는 대로 해주지 않는 경우는 흔히 있습니다.

이런 경우, 오히려 자신의 말 표현에 뭔가 문제가 있다고 생각하는 것이 좋습니다.

어찌 보면 여러분은 지나칠 정도로 많은 말을 합니다.

그러나 결국 중요한 것은 아무것도 말하지 않고 있습니다. 무심코 부탁을 했기 때문에 희망하는 대로 되지 않는 것은 당연하지 않을까요?

듣는 쪽도 마찬가지입니다. 남의 말을 제대로 듣고 있지 않습니다. 하나의 말을 들으면 '이 사람은 이런 것을 말하고 싶은 거다.' 하고 바로 단언해 버리고, 그다음은 듣지 않고 다른 짓을 하고 있습니다.

때문에 가까이서 주고받는 말을 모두 듣고 있노라면, 나는 '도대체 여러분들은 무엇을 말하고 싶은 겁니까?' 하고 묻고 싶어집니다. 여러분은 자신의 머리로 생각하고 좀 더 정확히 말하는 것이 좋다고 생각합니다.

스커트든 바지든 상관없지만 고치려고 맡길 때는 '나는 이런 모양으로 이런 느낌으로 고치고 싶은데 어떻게 고치면 될까요?' 라는 표현으로 정확히 부탁하면 주문과 어긋나게 나오지는 않을 것입니다.

자신이 잘 모르면 '나는 어떻게 해야 할지 모릅니다. 아무튼 볼품 있게 보이도록 해주십시오. 맡기겠습니다.' 라는 식으로 부탁하면 됩니다. 그런 식으로 부탁을 받으면 그 사람은 '나를 인정해 주었다.' 고 느끼기 때문에 책임 있게 여러분에 맞도록 정확히 고쳐 줄 것입니다.

좋은 결과가 나오기 위해서는 자신이 정확히 세밀하게 결정하거나 상대를 완전히 신뢰하는 것이다.

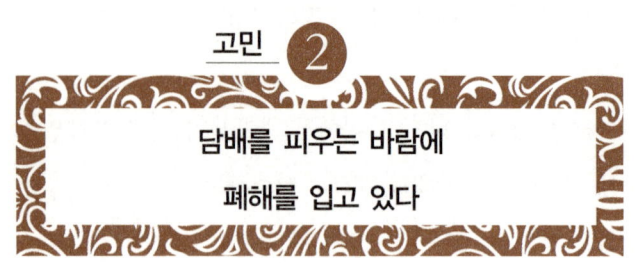

담배를 피우는 바람에
폐해를 입고 있다

담배를 피우는 사람은 자신이 남에게 얼마나 많은 폐해를 주고 있는지 전혀 개의치 않는 것 같습니다. 누군가에게 폐를 끼치고 있으면서도 이 사람들은 태연하다고 생각하면 짜증이 납니다.

담배를 피우게 하고 싶은 사람도 있다

분명히 담배를 피우는 사람은 남의 폐를 생각하지 않는 경우가 많습니다.

담배를 피우는 사람은 대체로 누구나 병자입니다. 정

신직으로 약하기 때문에 담배를 피우고 있는 것입니다.

하지만 개중에는 정말로 신사들도 있습니다.

며칠 전에 전차를 탔을 때의 일입니다.

나는 목적지까지 최단시간에 가고 싶었기 때문에 대체로 출구가 가까운 곳이나 갈아타기 편리한 곳에서 전차를 기다립니다.

그런 장소는 왠지 흡연 장소가 많습니다. 나도 담배 연기가 몸에 해롭다는 생각에 싫었지만 내가 원해서 그런 장소에 서 있기 때문에 그것은 어쩔 도리가 없습니다.

그 사람은 의젓한 중년 남성이었습니다. 앞쪽으로 줄을 서 있었는데 담배를 피우고 싶었는지 그는 흡연 장소의 테두리 안으로 들어가 재떨이 앞에 서서 담배를 꺼내 피우기 시작했습니다.

그것을 보고 나는 '과연 신사다.'라고 매우 기쁘게 생각했습니다. 때문에 그 사람의 담배연기가 코로 들어와도 전혀 싫지 않았습니다.

다른 사람을 배려하여 폐를 끼치지 않도록, 예의에 벗어나지 않도록 담배를 피우는 침으로 훌륭한 그런 사람을 보면 이쪽에서도 담배를 피우게 하고 싶어집니다.

한편, 젊고 단정치 못한 사람도 있었습니다. 그 사람은 테두리 밖에서 재떨이에서도 상당히 멀리 떨어져 있는 내가 서 있는 곳에서 담배를 피우고 있었습니다.

'피우고 싶으면 예의 바르게 피우도록 하라.'며 발길로 차주고 싶었습니다. 하지만 몸에 해로운 담배연기를 빨아들이는데다가 화가 나서 평화까지 잃어버리는 것은 어리석습니다. 화를 내면 나만 손해이므로 화를 내지 않았습니다.

그런데 얼마 동안 그 사람을 보고 있었더니 그 사람에게도 악의가 없다는 것을 알게 되었습니다. 어느 정도 시간이 지나자 재떨이까지 가서 재를 털고 다시 되돌아왔습니다. 실제로는 재떨이에 갈 때까지 재가 전부 떨어져버렸지만 본인으로서는 그래도 예의를 지킨다고 그렇게 하고 있는 것이었습니다. 그것을 보고 내가 생각한 것은 결국 누구나 자신밖에 생각하지 못한다는 것이었습니다.

모두 자기 나름대로 '이 정도라면 폐를 끼치지 않겠지.'하고 생각하고 있는 것입니다. 폐를 끼치지 않도록 하자고 생각하면서도 폐를 끼치고 있는 것입니다. 모두

피차일빈입니다. 그래서 내가 '여러분의 행동은 남에게 폐를 끼치고 있습니다.' 하고 불평해도 어쩔 도리가 없을 것입니다.

상대의 자기중심적인 행동이 통하면 나에게 폐를 끼치고, 나의 자기중심적인 행동이 통하면 상대에게 폐를 끼치기 때문에 중간을 절충해서 폐를 끼치는 양을 줄일 수밖에 없습니다. 전혀 폐해를 입지 않고 산다는 것은 인간 사이에서는 성립되지 않습니다. 실제 그것을 이해하면 대체적인 것은 마음 쓰이지 않게 됩니다.

불평하는 것이 아니라 상대의 입장을 이해한다

할머니가 큰 짐을 들고 만원 전철을 타면 이쪽은 상당히 귀찮을지도 모릅니다. 하지만 할머니의 입장에서 생각하면 '뭐, 눈감아 주겠지.' 라는 기분이 들게 될 것입니다. 그런 식으로 타인에 대해 너그럽게 보도록 하면 '타인이 자신에게 폐를 끼친다.' 고 불평하는 것이 아니라 상대의 입장과 주장을 이해하는 것입니다.

할머니가 차표를 살 때 '여기서 사면 됩니까? 어디서 탑니까?' 하고 물으면 '빨리 말하라.' 고 생각하는 것보

다 '역시 할머니니까 불안해서 일일이 묻고 있군.' 하고
당연하게 생각하면 됩니다.

할아버지가 가까이서 걷고 있으면 '다리가 약하기 때
문에 걷는 것이 약간 느린 모양이다. 걷기 쉽게 자리를
비켜 주자.' 라고 생각하는 마음을 가지면 짜증날 것도
없을 것입니다.

당신이 바빠도 주위 사람은 바쁘지 않다

버스를 타고 나서 지갑을 열고 카드를 꺼냈다가 잘못
되어 다시 다른 카드를 찾고 있는 사람이 있습니다. 뒷사
람은 좀처럼 승차할 수 없습니다.

고속버스도 마찬가지입니다. 고속터미널같이 큰 역의
경우, 차표를 사려는 사람들이 길게 줄을 서 있습니다.
매표소 외에는 살 수 없기 때문에 어쩔 수 없이 줄을 서
는 것입니다. 그러면 매표소 직원도 늦는데다가 사는 사
람 역시 '이건 어떤 차표입니까? 얼마입니까? 카드로 살
수 있습니까?' 라는 등 여러 가지를 묻고 있습니다. 그래
서 한 사람에게 3~4분 정도도 더 소요되는 경우도 있습
니다.

나는 어느 날, 고속버스표를 사는 데 기다릴 시간까지 계산하고 역에 도착했습니다. 내 앞으로 4명이 줄 서 있었기 때문에 충분하다고 생각하고 있었는데, 앞의 사람은 고속버스가 생긴 이래 그 역사까지 묻고 있는 건 아닌가 할 정도로 시간을 끌고 있었습니다.

세상에는 이런 일이 흔히 있습니다. 나도 매일처럼 그런 경우를 겪고 있습니다. 제일 간단한 방법으로 '야, 빨리 해.' 하고 후려갈겨 주고 싶지만 역시 그래서는 안 됩니다.

만약 폐해를 입어서 때려 준다고 해도 그것으로 문제가 해결되지는 않습니다. 원한이 없는 한 자신의 아이도 때려서는 안 됩니다.

어린아이에게 '빨리 준비하여라.' 하고 말해도 전혀 하려고 하지 않습니다. 하품을 하면서 여기저기 왔다 갔다 합니다. 밥 먹는 데도 시간이 걸립니다. 집을 나서고도 가방을 잊어버리거나 도시락을 잊고 가거나 합니다.

그래서 어머니는 '그렇게 늑장부리고 있으면 지각한다.' 며 안절부절못하고 있습니다. 그런 일은 흔히 있습니다.

이 경우, 문제는 '폐를 끼치고 있다.'고 느끼는 마음 쪽입니다. 초조해한다면 실은 그 사람은 자신 외에는 생각하고 있지 않은 것입니다. 속도가 느린 사람이 있다는 것은 당연한데, '세상이 자신을 위해 움직여 주었으면 좋겠다. 나는 바쁘니까 너희들도 그에 맞춰서 바삐 서둘러라.'는 태도입니다.

그러나 남이 보면 여러분이 멋대로 무엇을 생각하든 전혀 관계없습니다. 차표를 사기 위해 장황하게 설명하고 있는 사람도, 차표를 팔고 있는 직원도 줄을 서서 기다리고 있는 여러분이 아무리 바쁘더라도 알 바 아닙니다. 다른 사람은 별로 바쁘지 않습니다. 정중한 태도로 실수 없도록 확실히 일을 처리하고 있는 것뿐인지도 모릅니다.

우선 그것을 이해하기 바랍니다. 그러면 자신이 얼마나 자기중심적으로 여러 가지를 생각하고 있는지 보이게 될 것입니다.

자신의 일을 정확히 하고 있으면 그것으로 충분하다

인간은 누구에게도 폐를 끼치지 않고 살 수는 없습니

나. 원래 산다는 깃 자체가 상당히 폐가 되는 행위입니다. 하루의 식사를 위해 귀중한 생명이 얼마나 없어지고 있는지 생각한 적이 있는지요? 때문에 '내가 타인에게 끼치는 폐를 최소한으로 줄인다.'고 결심하고 노력할 수밖에 없습니다.

무엇을 해도 자신이 정확히 하고 있으면 문제없습니다. 고속버스를 탈 경우라면 '이 시간에 이 고속버스를 타고 싶으니 차표를 주십시오.' 하고 말하면 아무 일도 없이 차표가 나옵니다. 행선지의 금액을 알아보고 준비해 두면 좀 더 빠릅니다. 지불해야 할 돈 역시 처음부터 준비해 둡니다. 대개는 앞에 줄 서 있는 사람이 노인들이기 때문에 어차피 늦게 되는데, 자신의 차례가 오면 불과 2~3초면 날렵하게 살 수 있습니다. 그런데 대개의 사람은 그렇지 않습니다.

문제는 거의 자신 쪽에 있습니다. 타인에게 불평하기 전에 우선 '나는 어떤가? 남에게 폐가 되지 않도록 바르게 규칙을 지키고 있는가?' 라고 생각해 보기 바랍니다.

우선 머리를 건전하게 힙니다. 남의 일은 자신으로서는 어떻게 할 도리가 없습니다. 자신이 할 수 있는 것은 자신에 대해서뿐입니다. 그러므로 자신을 견실하게 하고 있으면 그것으로 충분합니다.

　상대의 자기중심적인 행동이 통하면 나에게 폐를 끼치고, 나의 자기중심적인 행동이 통하면 상대에게 폐를 끼치기 때문에 중간을 절충해서 폐를 끼치는 양을 줄일 수밖에 없다. 전혀 폐해를 입지 않고 산다는 것은 인간 사이에서는 성립되지 않는다. 실제 그것을 이해하면 대체적인 것은 마음 쓰이지 않게 된다.

상사가 싫다.
일이 싫다

부서를 옮겼는데 상사를 존경할 수 없습니다. 그로 인해 일도 잘 안 되고 노이로제에 걸리고 말았습니다. 개인적으로는 이혼 조정 중인데, 아이도 있어서 고민하고 있습니다.

인생은 정해져 있지 않는 것이 좋습니다.

부서가 달라진 것만으로 상사까지 싫어진다는 것은 원래 일 전반에 걸쳐 자신이 없다는 것입니다. '익숙한 일만 하고 싶다.' 는 게으름이 잠재해 있을 것입니다.

익숙한 일만 하고 있으면 스스로가 일 잘한다고 오해해 버립니다. 매일 똑같은 일을 하고 있으면 할 수 있는 것은 당연한데, '나는 일을 척척 해나가고 있다.'고 착각하게 됩니다.

심한 사람은 그것으로 인생이나 세상에 대해 실제로는 모르면서도 다 잘 안다는 기분을 갖게 됩니다.

이런 것은 매우 위험합니다. 정말로 일을 잘하고 못 하고는 익숙하지 못한 일을 맡았을 때야말로 알게 됩니다. 그러므로 자신이 있는 사람이라면 부서가 바뀌어 담당 업무가 달라지더라도 '이것은 자신의 능력 테스트다.'라고 생각해야 합니다.

실제로 잘되고 안 되는 것은 문제가 아닙니다. 새로운 일을 맡게 되면 능력 테스트라 생각하고 해보는 것이 중요합니다. 해 봄으로써 새로운 경험이나 자극을 얻을 수 있고 새로운 인생관을 갖게 됩니다.

이혼만 해도 마찬가지입니다. 자신은 거기서 새로운 인생을 시작해야 한다고 생각하기 바랍니다. 그러면 또 새로운 자극이 있을 것입니다.

이 사람처럼 이혼이나 전직 등의 변화를 싫어하는 사

람은 결국 정해진 패턴으로 매너리즘 속에서 안심하고 매일을 살아가고 싶을 뿐입니다. 내가 보건대 몹시 암울하고 한심합니다. 매일 정해진 시간에 일어나서 정해진 것을 먹고 정해진 장소에서 정해진 일을 하고 정해진 시간에 돌아가 정해진 시간에 자고 정해진 시간에……. 과연 어디까지 정해져 있을까요?

원래 정해진 사항이 없는 것이 인생인 것입니다. 계속 그것으로 일관하는 것은 무리입니다.

예를 들면 아침에 일어나 보니 눈이 많이 와서 버스가 운행하지 못한다고 합시다.

여기서 '인생이 정해져 있는 사람'은 일하러 가지 못합니다. 어떻게 할까…… 하고 몹시 고민합니다.

한편 '인생이 정해져 있지 않은 사람'은 오늘은 버스가 운행하지 못하니까 회사에는 갈 수 없다. 그러면 눈사람이라도 만들며 놀까……라는 식이 됩니다.

뇌세포에는 항상 자극이 필요하기 때문에 인생이라는 것은 정해져 있지 않은 것이 좋습니다. 그런 점에서는 매너리즘으로 게으름을 피우고 있는 사람에게 있어서 일이 달라진다는 것은 결코 나쁜 것은 아닙니다. 부인이 '이

혼해 주세요.' 하고 말하면 '기다리고 있었다.' 고 말할 수 있을 정도로 마음을 편하게 가져야 합니다.

실제로 잘되고 안 되는 것은 문제가 아니다. 새로운 일을 맡게 되면 능력 테스트라 생각하고 해보는 것이 중요하다. 해봄으로써 새로운 경험이나 자극을 얻을 수 있고 새로운 인생관을 갖게 된다.

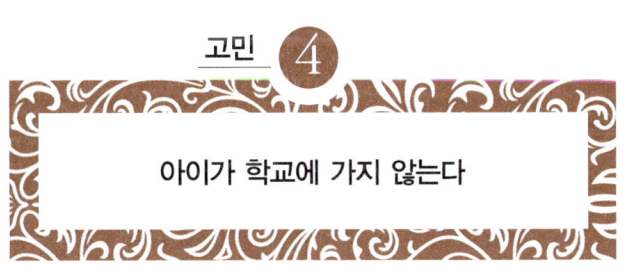

고민 **4**

아이가 학교에 가지 않는다

아이가 학교에 가려고 하지 않습니다. 어떻게 하면 학교에 가게 할 수 있을까요?

집에 있는 것도 힘들다는 것을 생각하게 한다

대답은 간단합니다. '가지 않아도 돼.' 하고 말하는 것뿐입니다. '가지 않아도, 공부하지 않아도 돼.' 라고 말해 주는 것입니다.

첫째 날은 그것만으로 족합니다. 두 번째 날부디는 '어차피 학교에 가지 않을 거니까 함께 집안일을 거들어라.' 하고 유도해 봅니다.

학교에 가지 않는 것에 대해서는 단 한 마디도 화를 내거나 잔소리하지 않도록 합니다. 대단히 상냥하게 대하면서 집안일 거들기를 닥치는 대로 모조리 하게 합니다.

어머니가 요리할 때 야채를 다듬게 하거나, 청소를 할 때는 유리창을 닦게 하거나 합니다. 밖으로 물건 사러 갈 때도 데리고 가서 짐을 들게 합니다. 정원 청소를 시키는 것도 좋을 것입니다.

이런 식으로 이것저것 바쁘게 시키면 아이는 '집에 있는 것도 의외로 힘들고 싫다.'고 생각하고 학교에 가기 시작할 가능성도 있습니다.

별다른 이유도 없는데 학교에 가고 싶지 않을 경우에는 이 정도로 해결합니다. 아이는 부모를 걱정하게 하고 싶은 것뿐이니까 그 수에 넘어가지 않으면 됩니다.

아이는 맥이 풀려서 스스로 자신을 걱정하게 됩니다. 이것이 하나의 방법입니다.

사실 학교에 가고 싶은데도 갈 수 없다는 경우는 뭔가 다른 문제가 있을지도 모르니까 약간 주의해야 합니다.

선생에게 문제가 있는 경우에는 나름대로 다른 곳에

말할 수밖에 없습니다.

그러나 학교 친구와 원만하지 못한 경우는 역시 아이만의 문제입니다. 같은 나이 또래의 아이끼리 하고 싶은 대로 하라는 태도로 대합니다. '너는 멍청이에다가 약하다. 때리면 너도 함께 때려 주고, 말로 하면 말로 대하라.'고 약간 짓궂게 괴롭혀 주면 됩니다.

자신의 아이를 '친구'로 본다

중요한 것은 진짜 원인을 찾아서 그것을 제거해 주는 것입니다.

왜 그렇게 하지 못하는가 하면 아이를 자신의 '친구'로서 보지 않기 때문입니다. 아이가 학교에 갈 나이가 되면 이미 '부모'는 부모로서의 역할을 그만두는 것이 좋습니다. 그런데도 어디까지나 부모로 있기 때문에 아이와의 사이에 간격이 크게 벌어지는 것입니다.

아이가 학교에 가기 시작하면 이미 어엿한 한 사람으로 취급하고, 친구 같은 기분으로 '오늘은 어땠니?', '학교는 재미있었니?'라는 식으로 물어보는 것이 좋습니다. 그러면 아이들도 부모를 친구라 생각하고 '오늘은 이러

이러한 일이 있었어.' 하고 여러 가지 이야기를 해줄 것입니다. 부모라는 것은 무슨 일이 있으면 당장 부모의 얼굴로 설교하고 마는데, 아이가 약간 나쁜 짓을 해도 누군가에게 심한 짓을 한 것이 아닌 이상 '그런 바보 같은 짓을 잘도 하는구나.' 하고 말하면 그것으로 충분합니다.

이런 식으로 아이와 친구가 되면 많은 문제가 해결됩니다. 그러므로 이런 문제의 해결책은 아이들과 친구가 되는 것입니다. 학교에 가라고 재촉하지 않습니다.

아이라는 것은 왠지 부모가 말하는 반대의 행동을 하고 싶어 하기 때문에 오히려 가지 말라고 하는 것이 좋을 정도입니다. 가라는 말을 듣고 갈 정도라면 그다지 문제가 없습니다.

아이가 학교에 갈 나이가 되면 이미 '부모'는 부모로서의 역할을 그만두는 것이 좋다. 그런데도 어디까지나 부모로 있기 때문에 아이와의 사이에 간격이 크게 벌어지는 것이다.

고민 5

부모가 싫다

부모의 얼굴을 보면 몹시 증오하게 됩니다. 어렸을 때부터 항상 꾸중을 듣고 있기 때문이라 생각합니다. 아무리 타일러도 고분고분하지 않습니다.

당장 부모에게서 떠나야 합니다.

어렸을 때부터 엄하게 그리고 괴롭히는 부모 슬하에서 자랐습니다. 그래서 부모가 너무 싫다고 하는 상태입니다. 이것은 분명 문제입니다.

그러나 대답은 '당장 부모에게서 떠나라.' 이것뿐입니다.

부모의 얼굴을 보는 것도 싫다면 보지 않도록 하면 될 것이고, 함께 있으면 싸움이 되니까 두 번 다시 만나지 않을 작정으로 집을 나가는 것입니다. 그것이 제일 옳은 방법입니다.

하지만 이런 사람에 한해서 그것이 안 되는 것 같습니다.

실은 이 사람은 부모에게 몹시 응석부리고 있습니다. 지금까지도 응석받이로 있고 싶어서 부모 곁을 떠날 수 없는 것입니다. 한심한 일입니다.

부모 곁을 떠나고 나서야 비로소 자신을 알고 부모를 알 수 있습니다. 그러면 한 사람의 인간으로서 자연히 부모와 서로 상의하고 사이좋게 지낼 수 있습니다. 설날에 함께 떡국을 먹는 것도 어려운 일이 아닙니다.

아무튼 이 사람은 우선 부모 곁을 떠나는 것, 그것이 맨 처음 해야 할 행동입니다.

부모의 얼굴을 보는 것도 싫다면 보지 않도록 하면 될 것이고, 함께 있으면 싸움이 되니까 두 번 다시 만나지 않을 작정으로 집을 나가는 것이다. 그것이 제일 옳은 방법이다.

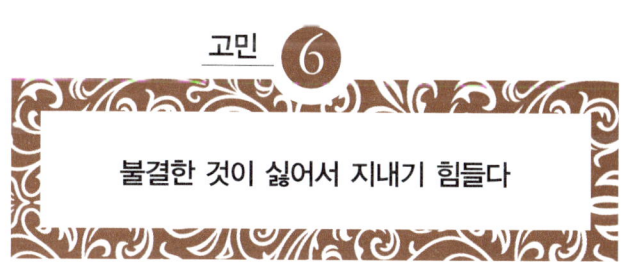

남이 손댔던 것을 만지는 것도 싫어서 항상 소독약을 지니고 있습니다. 난간도 잡을 수 없습니다.

자신은 대단히 불결합니다.

예로부터 자주 나오는 이야기지만 지나친 청결 관념이라는 것은 병적인 것으로 우선 의사에게 가서 진찰을 받아 보는 것이 좋습니다.

우선 그런 사람의 특징은, 자신은 청결하지 못하고 오히려 몹시 불결할 수도 있습니다. 때문에 그것을 그 사람에게 가르쳐 주면 됩니다.

원래 이 세상에 완벽하게 청결한 것은 있을 수 없습니다. 무엇이 불결하고 더러울까요? 그런 사람이야말로 자신의 몸을 살펴보도록 하는 것이 좋습니다.

내가 만약 정신과 의사라면 우선 '여러분 자신의 것이니까 최고로 깨끗하다.' 라고 말하면서 온몸에 자신의 변을 바르게 합니다.

한번 그것을 하면 대체로 나을 것입니다. 자신도 몸속이 더러우니까 하고 어이없어집니다. 자신은 무엇보다 청결을 중요시하고 있는 셈인데, 착각도 이만저만이 아닙니다.

그리고 '자신 이외의 사람들은 더럽다, 불결하다.' 라는 것은 대단히 추한 사고방식입니다. 인간으로서 설 자리가 없을 정도로 부끄러운 일입니다.

세상에서는 그런 태도를 '거만' 이라고 합니다. '자신은 깨끗하다.', '잘났다.', '뛰어나다.' 라는 것은 인간성을 상실한 심한 상태라고 여깁니다.

또 하나의 방법은 자신이 먹은 것을 접시에 내놓았다 다시 먹어 보는 것입니다. 일단 입 안에 넣고 씹어서 내

놓습니다. 그것을 다시 먹습니다. 한번 시키면 청결 관념은 없어진다고 생각합니다. 소독제 따위는 실컷 사용해도 상관없습니다.

또 어렸을 때부터 항상 마음에 걸리는 것이 있어서 이와 같은 청결 관념이 생겼다면 의사가 돌볼 필요가 있습니다. 그러므로 이 이야기는 이 정도로 해두겠습니다.

자신 이외의 사람들은 더럽다거나 불결하다고 생각하는 것은 대단히 추한 사고방식이다. 인간으로서 설 자리가 없을 정도로 부끄러운 일이다.

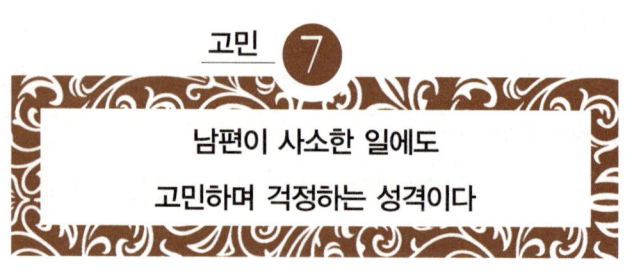

남편이 항상 부정적인 사고를 가지고 있고, 대단히 신경질적입니다. 신문을 구독하라고 오면 '문을 열어서 이상한 사람이 강제로 들어오면 어떡하지?' 하고 걱정하고, 태풍이 불어오면 집이 무너진다며 여러 가지 구명 도구 등을 준비합니다.

지지 않고 걱정한다

자신의 남편이 사소한 일에도 고민하며 몹시 걱정하는 성격이어서 곤란하다는 것입니다. 태풍이 불어와서 집이 부너지면 어떻게 하나 하고 항상 마음을 줄이고 있는 것 같은데, 그렇게 사소한 일에도 고민하고 너무 걱정하는 성격으로는 살아갈 수 없습니다. 정말로 곤란하겠습니다.

이런 사람을 고치는 방법을 몇 가지 생각해 보았습니다.

우선 부인도 남편과 똑같은 방법으로 걱정하는 것입니다. 부인은 부인의 입장에서 몹시 걱정하는 성격이 되어 줍니다.

예를 들어 남편이 도구나 식칼을 지녔다고 합시다. 그러면 당장 달려가서 '당신, 그런 것을 만지다 다치면 어떡하려고 그래요?' 하고 묻습니다.

목욕을 하겠다고 하면 '물에 빠져 죽으면 어떡해요? 제발 조심하세요.' 하고 말합니다.

목욕을 다하고 남편이 타월을 사용합니다. 그리고 대체로 사용한 타월을 그대로 내팽개쳐 둘 것입니다. 그러면 이번에는 '만약 여기에 세균이 들어가면 어떡해요! 당장 빨아서 완벽하게 말려서 잘 개어 두세요.' 하고 말합니다.

남편이 담배를 피울 때마다 '집에 불나면 어떡하려고

그래요? 정신 차려서 조심하세요.' 라고 말하고 물과 물통을 놓아둡니다……. 이런 식으로 말입니다.

이런 식으로 하나부터 열까지 위험성을 지적하면 본인도 점점 '적당히 해둬.' 하고 생각하기 시작합니다.

예를 들면 식칼을 약간 만지기만 해도 부인이 몹시 놀라서 갑자기 울음을 터뜨리면 남편은 마음속으로 '다칠 리가 있나.' 하는 기분이 듭니다. 타월도 마찬가지입니다. '쓴 타월을 내팽개쳐 둔다고 큰일 나는 게 아니잖아. 내일 빨면 깨끗해질 게 아닌가.' 하고 생각할 것입니다.

그러면 자신이 걱정하는 어리석음도 자연히 깨닫게 됩니다. '태풍이 불어 왔다고 해서 반드시 집이 무너지는 것은 아니다.' 라는 논리성도 나오게 됩니다.

일주일도 채 못 되어 아니, 하루일지도 모르지만 아무튼 곧 낫습니다. 제일 빠른 것은 이 방법입니다.

부인도 제법 즐겁다고 생각할 것입니다. 사실은 전혀 그렇게 생각하고 있지 않은데도 일부러 과장하는 것은 대단히 재미있으니까요.

남편의 성격을 즐긴다

다음에 소개하는 것은 남편의 성격을 즐기는 방법입니다. '사소한 일에 고민하고 걱정하는 성격이라 어쩔 수 없다.'는 느낌으로 농담 형태로 해 버리는 것입니다. '이런 때 당신이라면 이런 말을 하겠죠?' 라든가 또는 재미있고 우습게 말해버리는 것입니다.

예를 들어 가족이 모두 함께 외출을 했다고 합시다. 그러면 '당신, 뭔가 사고가 날 것 같아 지금 두려워하고 있죠? 하지만 우리는 즐겁게 다녀올 거예요.'하고 말합니다.

함께 튀김이나 고기 같은 것을 먹고 있을 때라면 '당신, 혹시 이런 것을 먹으면 지방과 콜레스테롤이 늘어서 심장병으로 죽을지 모른다고 생각하겠죠? 하지만 맛있으니까 나는 신경 쓰지 않고 먹을 거예요.'하고 말해 봅니다.

이런 식으로 무엇이든 농담으로 돌려 그의 성격을 웃음거리로 만들어 버립니다.

다만 사람을 비방하며 웃는 방법은 결코 해서는 안 됩니다. 올바른 것은 서로를 인정하며 웃는 것입니다. 이 방법이라면 가족이 모두 정답고 즐겁게 농담도 하고 익살도 부리는 듯한 느낌으로 지낼 수 있다고 생각합니다. 고쳐지는 것은 늦지만 이것도 좋은 방법입니다.

책임지게 한다

마지막으로 또 한 가지를 소개합니다. 그것은 차라리 책임을 전부 남편이 지게 하는 것입니다.

'우리들은 무책임하니까 당신같이 꼼꼼히 걱정할 수 없어요. 그러니 당신이 전적으로 책임을 지고 모든 일에 주의를 기울이도록 하세요.' 하고 전부 맡겨 버립니다.

자물쇠가 정확히 잠겨 있는가, 목욕물의 온도가 적당한가, 집 안의 도구 같은 것이 모두 제자리에 정연하게 정리되어 있는지 등 평소에 여러분이 주의하고 있는 것도 모두 남편에게 맡겨 버리는 것입니다.

그래서 뭔가 실수나 걱정거리가 생기면 '왜 정신 차리고 하지 않았어요! 당신에게 모두 맡기고 있는데…….' 하고 남편에게 화내듯이 합니다.

방문 판매원의 강매로 이상한 것을 샀다고 합시다. 그것으로 인해 남편에게 야단맞으면 '왜 미리 속임수라는 것을 말해 주지 않았어요? 당신이 말해 주지 않으니까 몰라서 산 거잖아요.' 하고 응수합니다.

이런 식으로 책임이 주어지면 그 사람은 책임을 느껴 '정상적인 걱정을 하는 성격'의 인간이 됩니다. 그렇게 하면 다소 보통 수준에 가까워집니다. 곤란한 사람은 부디 시도해 보기 바랍니다.

사람을 비방하며 웃는 방법은 결코 해서는 안 된다. 올바른 것은 서로를 인정하며 웃는 것이다.

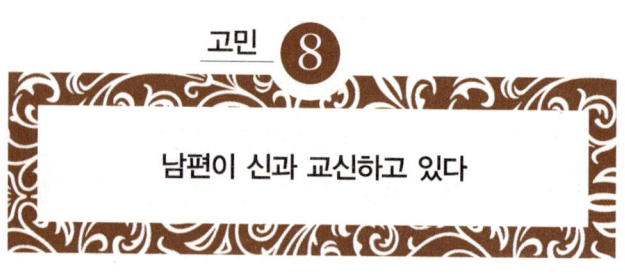

남편이 신과 교신하고 있다

제 남편이 종교단체에 들어가 신과 교신하고 있습니다. 점점 깊이 빠져 들어가는 것 같고, 요즘은 그 신의 소리가 끊임없이 들린다고 합니다. 무엇을 해도 일일이 신에게 물어보기 때문에 직업도 여러 번 바꾸고 오래 다니지 못합니다.

아무튼 신과 교신하고 있기 때문에 이것 또한 큰 문제입니다. 하지만 아주 좋은 방법이 있습니다.

20억 원 정도 당첨되는 복권이 있다면 우선 그것을 남편에게 부탁해서 사 오도록 합니다.

그때 '신에게 꼭 당첨되는 복권을 가르쳐 달라고 부탁해서 그것을 사다 주세요.' 하고 부탁합니다. 남편은 '그런 것은 신에게 부탁할 수 없어.' 하고 말할지도 모릅니다. 아무리 부탁해도 사 오지 않으면 여러분이 사서 남편에게 건네줍니다. '이 번호가 꼭 맞도록 신에게 부탁하세요. 안 되면 이혼할 거예요.' 라는 정도로 말합니다. 그것만으로도 신은 사라져 버릴 것입니다.

필자는 구체적인 예로 알기 쉽게 대답하는 데 있어 단순히 재미나 농담 따위로 이야기를 하는 것이 아닙니다. 그 속에는 그 나름대로의 학설이 있는 것입니다.

이 남편은 신과 교신하고 있을 뿐만 아니라 단순한 머리의 병으로, 심리학적으로 말하면 자신이 없는, 도전 정신이 없는, 흥하든 망하든 해보고자 하는 마음이 없는 것, 단지 그것뿐입니다. 때문에 신이나 점에 의지하는 것입니다.

신과 교신하고 있다는 것은 터무니없는 속임수이며 거짓말입니다. 그런 어리석은 사람과 교신하는 신도 터무니없는 바보이기 때문에 만에 하나 있다 해도 어떻게 된다는 것은 아닙니다.

인생이라는 것은 성공도 하고 실패도 하는 것입니다. 벌릴 때도 있는가 하면 손해 볼 때도 있습니다. 때문에 해보는 수밖에 없습니다. 자신의 책임은 어디까지나 스스로 져야 합니다. 하지만 이 사람은 그 책임을 자신이 지고 싶지 않은 것입니다. 겁쟁이입니다.

직업을 바꾸고 싶을 때도 '만약 실패하면 아내에게 야단맞겠지.' 하고 우선 걱정합니다. 그리고 '아니, 당신 바보 아냐? 전의 직장은 좋았었는데.' 라는 등의 말을 듣는 책임을 자신이 지고 싶지 않다고 생각합니다. 게다가 자신이 실패했다는 것도 솔직히 인정하고 싶지 않습니다. 그래서 신과 교신하는 등 속임수를 생각해 냅니다.

이 사람에게 필요한 것은 '자신의 일은 자신이 한다.' 라는 마음입니다.

'실패해도 별로 대수롭지 않으니까 흥하든 망하든 도전해 보자.' 는 정신입니다. 때문에 복권을 사더라도 '아무리 신을 믿어도 이 복권이 절대적으로 당첨될 확증은 없다.' 는 것이 보이게 될 것입니다. 그러므로 이것만으로 충분합니다.

인생이라는 것은 성공도 하고 실패도 하는 것이다. 벌 릴 때도 있는가 하면 손해 볼 때도 있다. 때문에 해보는 수밖에 없다. 자신의 책임은 어디까지나 스스로 져야 한다.

매일 불안하여 잘 수 없다

매일 불안하여 잠을 잘 수 없습니다. 불면증인 것 같습니다.

잠을 자지 않아도 문제없습니다.

우선 말해 두는데, 불면증이라는 것은 병이 아니니 걱정할 것 없습니다. 몸에 잠이 필요 없기 때문에 자지 않는 것뿐이며, 머리는 혼란 상태로 회전하고 있으니까 잘 수 없으면 굳이 자지 않아도 됩니다.

꼭 잘 필요가 있다고 하는 것은 우리들의 고정관념입

니다. 만약 몸이 피로해지면 잠이 올 테니 문제될 것 없습니다.

어떻게든 자고 싶으면 제일 빠른 것은 '자비의 명상'을 하는 것입니다. 이 명상에 대해서는 뒤에 상세히 설명하겠지만, 그것은 모든 생명의 행복을 바라는 명상입니다.

잠을 잘 수 없어도 밤에는 할 일이 없을 테니 침대나 이불 속으로 들어가 계속 '무릇 살아 있는 것 모두 행복해지도록 기도합니다. 우리 가족이 행복해지도록.' 하고 마음속으로 빕니다. '아이들이 정말 건강하게 자라도록.', '이 나라가 풍족하게 잘 사는 나라가 되도록.', '사회의 경제 상태가 좋아지도록.' 이라는 식이나 그 밖에 다른 것이라도 좋습니다.

아무튼 그런 식으로 좋은 것만 생각하고 있으면 곧 잠이 올 것입니다. 그리고 행복해지기도 합니다.

꼭 잘 필요가 있다고 하는 것은 우리들의 고정관념이다. 만약 몸이 피로해지면 잠이 올 테니 전혀 문제될 것이 없다.

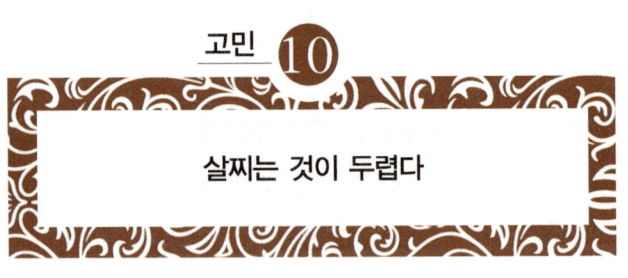

살찌는 것이 두렵다

 살찌는 것이 무서워서 먹은 것을 토하고 있습니다. 토하지 않으면 걱정됩니다. 거식증일지도 모릅니다.

 살을 빼고 싶으면 먹지 않으면 되는데 왜 일부러 먹고 토할까요? 우선 여기에 숨겨져 있는 문제를 살펴보도록 합시다.

 정말로 살을 빼고 싶으면 아무것도 먹지 않고 그것을 기뻐하면 됩니다. 뼈와 가죽만 남아 빨리 죽을지도 모르지만 본인이 그것으로 만족하고 있다면 정신적으로는 문세없습니다.

이 사람도 '나는 오늘은 먹지 않겠다.'고 결심하고 그대로 하면 되지만, 본심은 역시 먹고 싶으니까 먹게 됩니다. 그래서 먹으면 먹었다고 해서 자신을 몹시 나무라며 토해 버립니다.

그때마다 욕심도 커지고 오히려 살이 찔 뿐입니다. 몸의 세포로서도 필요한 음식이 정확히 들어오지 않는 것은 위험하기 때문에 들어온 것을 곧 지방으로 비축하도록 프로그램을 다시 짭니다. 때문에 먹지 않아도 살은 빠지지 않습니다. 위험이 커질 뿐입니다. 그것을 잘 기억해 두기 바랍니다.

정말로 지향해야 할 것은 어느 쪽도 아닙니다. 정신적으로나 육체적으로나 매우 아름답고 단정하게 되는 것입니다. 그러기 위해서는 먹는 방법을 바꾸는 것입니다.

살을 빼고 싶은 사람이야말로 '맛있게 먹기' 바랍니다. 여기서 말하는 '맛있게' 라는 것은 '철저하게 음미하고 맛있게, 아름답게, 기분 좋게' 라는 의미입니다. 최근 그런 식으로 먹은 적이 있는가를 생각해 보면 의외로 적을 것입니다.

구체적으로 어떻게 하면 될까요? 그것은 배가 몹시 고파질 때까지 기다리고 기다려서 더 이상 견딜 수 없을 때 먹는 것입니다. 음식에 감사하면서 지금까지의 20배, 30배나 시간을 들인다 생각하고 천천히 잘 씹어서 맛을 보는 것입니다.

그렇게 먹는 것은 매우 아름답습니다. 먹는 것은 인간에게 있어서 즐거운 것이기 때문에 그것을 마음껏 맛봄으로써 아주 행복하게 살 수 있습니다. '맛있는 것을 먹게 되어서 다행입니다.' 하고 진심으로 감사하며 먹으면 자연히 살이 빠지게 되어 있습니다.

살을 빼고 싶은 사람은 배가 몹시 고파질 때까지 기다리고 기다려서 더 이상 견딜 수 없을 때 먹는 것이다. 음식에 감사하면서 지금까지의 20배, 30배나 시간을 들인다 생각하고 천천히 잘 씹어서 맛을 보는 것이다.

내가 암은 아닐까

위 검사를 했습니다. 의사는 위궤양이라고 하는데, 나는 암이 아닐까 하고 걱정입니다. 다시 한 번 다른 의사에게 진찰하는 것이 좋지 않을까요?

내 대답은 예스입니다. 요컨대 '여러분은 암이다.' 라는 것입니다.

'여러분에게는 남아 있는 시간이 별로 없기 때문에 다른 의사에게 진찰받을 필요기 없습니다.' 하고 말하면 틀림없이 '무슨 말을 그렇게 하느냐?' 하고 화를 내며 싸우려 할 것입니다. 스스로도 암이 아닐까 하고 말하면서도 그렇게 할 것입니다.

그럼 내 논리를 말해 보도록 하겠습니다.

이 사람이 가지고 있는 것은 한마디로 '응석' 입니다. 위가 약간 아프기 때문에 모두에게 자신에 대해 마음 써 달라는 것입니다. 의사가 위궤양이라고 말했지만 본인은 그 정도의 걱정으로는 부족합니다. 그러므로 '이것이 암이 아닐까?' 라고 하는 것은 요컨대 '좀 더 진지하게 나에 대해 걱정해 달라.' 는 것입니다.

상식적인 의사라면 위궤양 검사를 할 때는 조직 검사를 하기 때문에 자세히 보면 암세포가 있는지 없는지 알 수 있습니다. 암인가 하고 생각하면 검사도 정확히 합니다. 때문에 의사가 위궤양이라고 말한다면 위궤양이며 별것 아닌 것입니다.

정신과 의사라면 '어쩌면 암일지도 모르니까 여러 병원에 가서 진찰받아 보는 것이 좋다.' 고 말하는 것은 옳을지 모르지만 내 입장은 다르기 때문에 그렇게 말하지 않습니다.

결국은 그런 사람들은 자신에게 너무 안이해서 항상

자신에게 미음을 써 달라는 것입니다. 이번과는 반대로 의사가 '암'이라고 말했다면 '암이 아닌 게 아닐까.' 하고 다른 의사에게 갈 것입니다.

때문에 이런 사람에게 말할 수 있는 대답은 '남들이 여러분에게 마음 써 주었으면 하는 마음이 강하다. 하지만 순수하지 못하기 때문에 이런 형태로 어필하고 있다. 그 안이함을 자각하기 바란다.' 이 정도입니다. 자신이 그런 성격이라는 것을 알면 이런 문제는 순식간에 사라져 버립니다.

내가 암이 아닐까 하고 걱정하는 사람이 가지고 있는 것은 한마디로 '응석'이다. 약간 아프기 때문에 모두에게 자신에 대해 마음 써 달라는 것뿐이다.

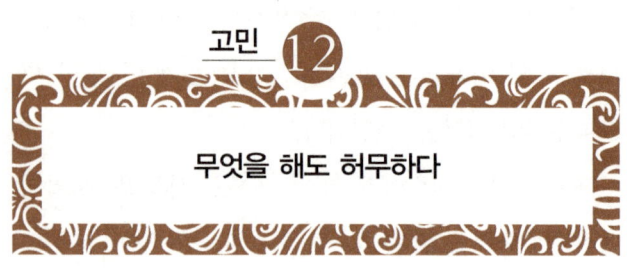

무엇을 해도 허무하다

무엇을 해도 허무할 뿐, 일도 하고자 하는 적극적인 마
음이 생기지 않습니다. 나는 무엇 때문에 살고 있는 것일
까요. 요즘은 단지 죽고 싶을 뿐입니다.

세상에는 아직 이런 정신으로 살아가는 사람이 많이
있습니다. 아무리 상담을 받아도 좀처럼 낫지 않습니다.

예를 들어 조언자가 '우선 일이라도 착실히 해보면 어
떨까요?' 하고 말해도 '일을 해도 의미가 없지 않습니
까?', '무엇 때문에 일을 해야 합니까?', '단지 먹기 위

해서라면 무엇 때문에 그런 고생을 해야 합니까? 라는 등 쓸데없는 말을 합니다.

이런 사람들의 곤란한 점은 자신이 철학적으로 세상을 보고 있다고 착각하고 있는 것입니다. 그래서 '무엇을 해도 허무하다고 느끼는 자신은 상당히 고차원에서 세상을 보고 있는 것이 아닐까. 불교에서 말하고 있는 생사를 초월한 지혜가 있는 게 아닐까?' 하고 생각합니다. 그러나 사실은 전혀 그렇지 않습니다.

이런 사람들은 희망이 없기는커녕 너무 큰 희망을 지나치게 가지고 있습니다. 지혜라고는 전혀 없습니다.

예로 1천만 원을 벌려고 하면 어떻게든 할 수 있습니다, 그러나 1억 원이라고 하면 그것은 무리라는 식으로 목적이 지나치게 크면 절대로 실현할 수 없기 때문에 허무해집니다.

그와 마찬가지로 이런 사람은 자신의 인생 속에서 어떤 대담한 목적을 찾으려 하고 있는 것입니다. 때문에 허무해지는 것입니다. 인생은 허무하다, 아무것도 할 것이 없다, 희망을 가질 수 없다, 죽을 수밖에 없다고 생각하는 사람들은 반대로 대단히 큰 희망을 가지고 있습니다.

지혜가 있는 사람이라면 그런 말을 하고 일을 그만두지 않습니다. 매일 먹기 위해서 필요하기 때문에 당연히 일을 합니다. 아이를 돌보는 것도 지혜가 있는 사람이라면 '어차피 이 아이들은 자라면 부모를 잊어버리고 자신들의 생활을 하니까 허무하다.' 라고 해서 사랑하지 않는다든가 그런 짓은 하지 않습니다. 그때마다 즐거움을 맛보면서 착실하게 아이를 양육합니다. 그리고 자라서 부모 슬하를 떠나면 '아, 끝났다.' 하고 생각합니다. 그뿐입니다.

그러므로 인생이 허무하다고 말하는 사람에 대한 대답은 '여러분은 인생에 희망이나 목적을 지나치게 크게 가지고 있다. 때문에 아무것도 할 수 없는 것이다.' 라고 말해 줍니다. 우선은 그것을 이해시킬 필요가 있습니다.

무엇을 해도 허무하다고 느끼는 사람은 상당히 고차원에서 세상을 보고 있는 것이 아닐까 하는 착각도 하지만 사실은 희망이 없기는커녕 너무 큰 희망을 지나치게 가지고 있는 바보에 지나지 않는다.

근무하기가 괴롭다

회사의 상사가 자신의 업무를 멋대로 바꿔 버렸습니다. 덕택에 자신의 휴식시간도 반납하여 열심히 일하고 있습니다. 하지만 상사는 그것을 평가해 주지 않을 뿐만 아니라 멋대로 일하는 것을 싫어하고 있는 것 같습니다. 근무하는 것이 점점 괴로워서 요즘은 일도 손에 잡히지 않습니다. 어떻게 하면 좋을까요?

여기서 우선 문제가 되는 것은 '열심히 일하고 있다.' 라는 것입니다.

이것이 우선 이 사람의 문제 중 하나입니다. 아무리 자신이 그렇게 생각하고 있어도 '정말로 열심히 일하고 있는 사람'은 거의 한 사람도 없습니다. 누구나 대충대충 일하고 있을 뿐입니다. 치고 이 사람은 자신을 속이고 있습니다. '늦게까지 회사에 있기 때문에 열심히 일한다.'라는 것은 이치에 맞지 않습니다.

내가 보건대 이미 멋이 없는 이야기입니다. 이 사람은 틀림없이 일을 못 하는 사람일 것입니다. 일을 잘한다면 빨리 하면 될 문제입니다. 일을 제대로 못 하니까 잔업을 하거나 휴일에도 출근하고 있는 것뿐입니다.

상사에게 미움받는 것도 그 탓입니다. 한마디로 말해서 폐가 되는 것입니다. 아무리 오랜 시간 회사에 있어도 변변한 일을 하지 않는 것입니다. 그러기에 '열심히 일하는 데 평가를 해주지 않는다.'고 불평해야 봐야 곤란할 뿐입니다. 열심히 일하고 있는지 없는지 그 여부는 상사가 평가하는 포인트가 아니며, 정말인지 어떤지는 다른 사람은 모르는 것입니다.

이 경우 본인이 자신의 문제를 깨닫지 못하고 있는 것이 제일 큰 문제입니다. 깨닫기 위해서는 생활태도나 일하는 방법을 바꿔야 합니다. 그것만 할 수 있다면 문제는 곧 해결됩니다.

예를 들면 지금이라면 4시간 걸리는 일을 어떻게 하면 1시간에 마치고, 나머지 시간을 유용하게 사용할 수 있을지 진지하게 대책을 강구하기 바랍니다. 좀 극단적이지만 10시까지 있는 것이 아니라 3시간 반이면 돌아갈 수 있도록 일을 하는 것입니다. '1주일 동안의 일을 2일, 3일에 끝냈으니까 나는 내일 쉬겠다.'라고 상사에게 말할 수 있을 정도로 자신을 재평가해보아야 합니다.

일의 질은 떨어뜨리지 않고 회사에 있는 시간을 어떻게 하면 단축할 수 있을까 하는 것에 대해서 열심히 궁리하기 바랍니다. 그렇게 함으로써 비로소 본인도 진정한 능력이 나오게 되는 것입니다.

누구나 마음의 고민은 모두 지울 수 있습니다.

마음의 법칙을 이해할 수 있다면 자신의, 마음의 고민은 모두 지울 수 있고, 다른 사람의 일반적인 고민도 해결할 수 있게 됩니다.

근무하기가 괴롭다는 사람은 누구나 대충대충 일하고

있을 뿐이다. 아무튼 그렇다 치고 이 사람은 자신을 속이고 있는 것이다. '늦게까지 회사에 있기 때문에 열심히 일한다.' 라는 것은 이치에 맞지 않는다.

Part 5

마음을 키워야 한다

내가 행복하도록
나의 괴로움이 없어지도록
나의 소망이 이루어지도록
내게 깨달음의 빛이 나타나도록
내가 행복하도록

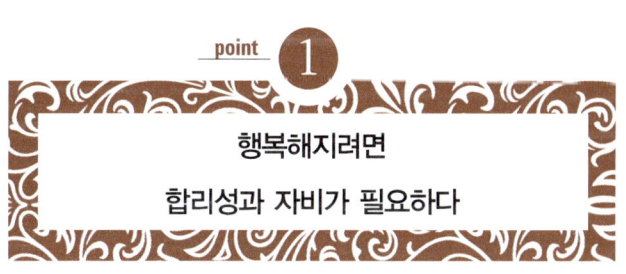

point **1**

행복해지려면
합리성과 자비가 필요하다

인간의 행복에는 '합리성'과 '자비의 마음'이 필요합니다.

그런데 필자가 합리성에 대해 설교하기 시작했더니 여러 사람들로부터 비판을 받기 시작했습니다. '우리들은 극히 합리적이며 견실한 서양 교육을 철저히 받았고, 과학적인 지식은 세계에서도 일류가 아닌가. 그런데 무슨 말을 하는가?' 라는 것입니다.

하시만 여러분은 그 이유만으로 자신올 합리적이라고 말할 수 있을까요?

나는 그렇게 생각지 않습니다. 합리성이 있다는 것은 모든 것을 정확히 인식하고 판단하며 살고 있다는 것입니다.

요즘 세태는 '갈색 머리가 유행하고 있다.'라는 말을 들으면 제법 모두 갈색 머리로 물들입니다. 'OO라는 블론드의 ××가 귀엽다.'라는 말을 들으면 당장 달려듭니다. 유명인 아무개가 이탈리아나 프랑스 등에서 발견한 것이 마음에 들어서 미디어에서 소개하면 다음 날부터 전국 각지에서 붐이 일어납니다.

그런 것은 필자가 보건대 오히려 원숭이나 다를 바 없습니다. 간단히 말하는 것도 듣지 않는 원숭이 쪽이 훨씬 더 나을지도 모릅니다. 인간이라면 조종하는 대로 휘둘리는 것이 아니라 자신이 만든 기준에 의해서 모든 것을 생각하고 처리하도록 자신을 규정해야 합니다.

이런 식으로 요즘 사람들은 합리성이 없다고 생각했습니다. 그리고 '이렇게 비합리적인데도 용케 살고 있구나.' 하고 걱정되어 견딜 수 없었습니다. 그래서 '이대로는 위험하니까 어떻게든 해주어야 한다.'고 생각하며 맨 처음 설교하기 시작한 것이 '합리성'과 '자비의 명상'

두 가지였습니다.

요즘 사람들이 합리성이 없다고 대담하게 말했지만, 실제로도 '인간에게는 합리성이 없다.'는 것입니다. 감정의 노예로 살며 불행을 구축하는 것이 인간입니다.

이성에 의거하여 살기 위해서는 그 나름대로 정확한 훈련을 해야만 합니다.

인간이라면 조종하는 대로 휘둘리는 것이 아니라 자신이 만든 기준에 의해서 모든 것을 생각하고 처리하도록 자신을 규정해야 한다.

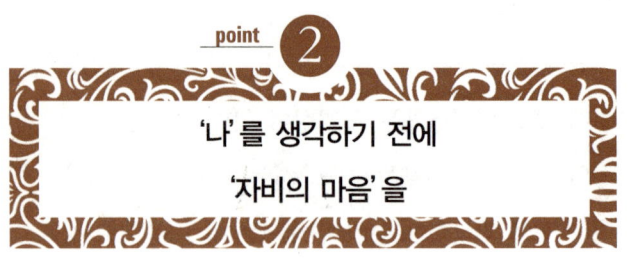

'나'를 생각하기 전에
'자비의 마음'을

'자비의 명상' 즉, 본래 뒤에서 소개하는 '위빠사나 명상'이라는 것은 명상에 들어가기 전에 마음을 진정시키기 위해 행하는 것입니다.

하지만 이 명상으로 '자비로운 생각', '자비로운 마음'은 그 자체가 훌륭한 것입니다.

'나'라는 자아만 없으면 문제는 생기지 않는다는 것은 앞에서도 설명했습니다.

그러나 이 '나'는 그렇게 간단히 사라지는 것은 아닙니다. 누군가하고 몸이 닿으면 '누군가가 (나에게) 닿았다.' 라고 느낄 깃이고, 차가운 공기기 몸에 닿으면 '(나는) 춥다.' 고 생각할 것입니다.

이와 같이 우리들은 극히 당연히 '나' 라는 주어를 사용하고 있는데, 실은 이것이 커다란 문제입니다. '나' 가 있기 때문에 '타인' 이 있습니다. '타인' 이 있기 때문에 인간관계가 생깁니다. 다른 인간과의 경쟁에서 이기기 위해서는 여러 가지 능력을 익혀야 합니다……. 이와 같이 인생에서 부딪치는 고민의 대부분은 '나' 라는 자아가 원인이 되어 있습니다. '나' 가 있기 때문에 타인이 있습니다. 그래서 '나' 는 괴로워하고 있습니다.

한편 '나' 는 타인의 도움을 받으며 살고 있습니다. '내가……' 라고 자신이 주체인 양 주장해도 실제로는 다른 생명 덕택에 살 수 있는 것입니다.

우리가 살기 위해 필요한 영양소도 대부분은 다른 생명을 경유하여 체내로 들어옵니다. 철분이 필요하다고 해서 쇠를 갉고 있는 것이 아니라 철분이 함유된 음식을 먹고 보충하고 있습니다.

또 우리들의 체내에는 무수한 미생물이 서식히고 있어서 유용한 활동을 해주고 있습니다. 만약 '이것은 내

몸이니까 나가라.'고 미생물을 쫓아 버리면 언젠가는 내몸도 죽어 버리고 맙니다.

이와 같이 하나의 몸속을 보더라도 많은 생명체가 서로 도우며 공존하고 있습니다. 생명이 서로 도우며 살고 있습니다. 이것은 매우 중요한 포인트입니다.

그러므로 '나'를 생각하기 전에 모든 생명에 대한 '따뜻한 마음', 즉 '자비로운 마음'을 갖는 것은 매우 중요한 것입니다. 이 '따뜻함'에 대해서는 어떤 종교도 공통적으로 설교하고 있습니다.

'자비로운 마음'을 키울 수 있으면 여러분은 모든 종교에 공통되는 진수를 실천하고 있다고 해도 과언은 아닙니다.

'나'를 생각하기 전에 모든 생명에 대한 '따뜻한 마음', 즉 '자비로운 마음'을 갖는 것은 매우 중요하다.

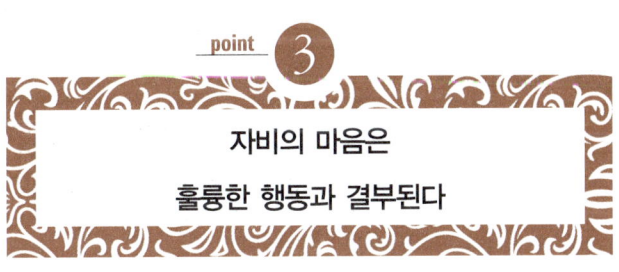

point 3

자비의 마음은
훌륭한 행동과 결부된다

'모든 행동은 마음의 명령에 따르고 있다.'고 하는 법칙에 대해서는 이미 설명했습니다. 인간이 행동을 일으키기 전에는 반드시 먼저 '이렇게 하고 싶다.', '이렇게 행동하자.'라는 마음의 작용이 있는 것입니다.

때문에 '자비'를 실천하는 데 가장 간단하고 빠른 방법은 '마음 그 자체'를 '자비로운 마음'으로 하는 것입니다.

아무리 도덕이나 엄격한 계율을 착실히 지키고 곤란에 처해 있는 사람을 돕는다 해도 마음이 맑고 순수하지 않으면 의미가 없습니다. 본래의 자신과의 사이에 지치거나 싫어질 가능성마저 있습니다.

그러나 마음이 '자비로운 마음'이 되어 있으면 어떨까요? 특히 정신 차려서 어떻게 하려고 하지 않아도 행동이 모두 훌륭하게 변하는 것입니다.

그러므로 행복한 인생, 요컨대 평화롭고 무사하며 전쟁이 없고 당당하게 아름답게 살아가기 위해서는 이 '따뜻한 마음'만 만들면 됩니다.

이 책을 읽는 사람은 마음의 문제에 흥미를 가지고 있다고 생각합니다. 어쩌면 자신이나 소중한 사람이 이미 문제를 안고 있는지도 모릅니다. 뭔가 문제에 부딪쳐 있는 사람을 격려하고 싶을 때 어떻게 하면 될까요?

이 경우, 만약 자신이 상대의 입장이라면 어떻게 해주면 용기가 생겨 문제를 해결하는 힘이 솟아나게 될까……라는 식으로 상대의 입장을 자신에게 반추해 봅니다. 상대를 '타인'이라 보지 말고 '자신'으로서 보는 것입니다. 그것을 할 수 있는 순간에 해결의 실마리는 명확하게 보이게 됩니다. 그것을 잘하려면 '자비'가 키워져 있어야 합니다.

아무리 도덕이나 엄격한 계율을 칙실히 지키고 곤란에 처해 있는 사람을 돕는다 해도 마음이 맑고 순수하지 않으면 의미가 없다.

'자비의 명상' 실천 방법

'자비의 명상'을 실천하는 것은 전혀 어렵지 않습니다. 여기서 소개하는 말은 자신의 마음에 항상 반복하고 타일러서 자비로운 마음으로 키워주면 됩니다. 그뿐입니다. 근육 훈련과 같은 것이라 생각하면 됩니다.

이 '자비의 명상'은 극히 보통의 전통적인 명상법이기 때문에 들어가기 쉽다고 생각합니다.

일상적으로 항상 마음속에 두고 늘 생각해 보기 바랍니다. 소리를 내어도 소리를 내지 않아도 상관없습니다. 약간의 시간만 있으면 마음속에 두고 늘 생각하도록 해야 합니다. 무엇보다 행복에 도움이 됩니다.

내가 행복하도록

나의 괴로움이 없어지도록

나의 소망이 이루어지도록

내게 깨달음의 빛이 나타나도록

내가 행복하도록(3회)

나의 친한 사람들이 행복하도록

나의 친한 사람들의 괴로움이 없어지도록

나의 친한 사람들의 소망이 이루어지도록

나의 친한 사람들에게도 깨달음의 빛이 나타나도록

나의 친한 사람들이 행복하도록(3회)

무릇 살아 있는 것 모두가 행복해지도록

무릇 살아 있는 것 모두의 괴로움이 없어지도록

무릇 살아 있는 것 모두의 소망이 이루어지도록

무릇 살아 있는 섯 모두에게도 깨달음의 빛이 나타나도록

무릇 살아 있는 것 모두가 행복하도록(3회)

여기까지가 일단 한 부분인데, 이것 외에 또 있습니다.

다음은 자신이 싫어하는 사람이나 거북하고 싫은 사람, 자신을 싫어한다고 생각되는 사람들에 대한 것을 떠올립니다. 그리고 그 사람들을 위해 '자비의 명상'을 외우는 것입니다.

내가 싫어하는 사람들도 행복하도록

내가 싫어하는 사람들의 괴로움이 없어지도록

내가 싫어하는 사람들의 소망이 이루어지도록

내가 싫어하는 사람들에게도 깨달음의 빛이 나타나도록

나를 싫어하는 사람들도 행복하도록

나를 싫어하는 사람들의 괴로움이 없어지도록

나를 싫어하는 사람들의 소망이 이루어지도록

나를 싫어하는 사람들에게도 깨달음의 빛이 나타나도록

무릇 살아 있는 것 모두가 행복하도록(3회)

이것으로 끝입니다.

'자비의 명상'은 극히 보통의 전통적인 명상법이다. 일상적으로 항상 마음속에 두고 늘 생각해 보아야 한다.

'자비의 명상' 으로 보는
마음의 프로세스

말 그 자체는 전혀 어렵지 않을 것입니다.

그러나 거기에는 매우 깊은 메시지가 담겨 있기 때문에 하나씩 상세히 살펴보도록 하지요.

'내가 행복하도록' 이라는 말은 상당히 알기 쉽습니다. 마음이라는 것은 내버려두어도 행복하게 되고 싶은 것이기 때문에 아주 기분 좋게 외울 수 있을 것입니다.

실제로 명상을 갓 시작한 사람으로부터 '〈내가 행복하도록〉이라는 것은 왠지 모르게 느낌은 알 수 있지만 다른 것은 전혀 알 수 없습니다. 때문에 그것만 마음속에

누고 늘 생각해도 싱괸없습니까?' 하고 물어 올 때가 있습니다.

이것은 내가 계산한 것 그대로인데 그런 사람이 제법 있습니다. '내가 행복하도록' 하고 말하면 기분이 아주 좋기 때문에 큰 소리로 외웁니다. 그러므로 이 명상을 갓 소개할 무렵에는 주위에 있는 사람들로부터 불평이 날아올 정도로 시끄러웠습니다.

그런데 다음의 '나의 친한 사람들이 행복하도록' 이라는 항목에 오면 에너지는 '나' 일 때의 절반 정도가 되어 버립니다.

또 다음의 '무릇 살고 있는 모두가 행복하도록' 에서는 그 에너지도 다 떨어져 헛돌고 맙니다.

그래도 나는 태연히 계속하여 '내가 싫어하는 사람들도 행복하도록' 하고 시키는 것입니다. 그렇게 하면 모두 '왜 그렇게 해야 하는가?' 하고 화가 나서 이미 자비의 문제에서 벗어나게 됩니다.

이렇게 보면 마음의 프로세스를 잘 알 수 있을 것입니다.

행복을 바랄 때 자신에 대해서라면 100퍼센트이고,

친한 사람이라면 50퍼센트, 다른 사람이라면 0퍼센트, 싫은 사람이라면 반대로 마이너스로 작용하여 오히려 화를 내게 됩니다.

그래도 이것은 마땅히 해야 합니다. 대단한 정신 치료법이므로 비록 처음에는 잘 안 되어도 하나의 훌륭한 행동으로써 계속하면 근육 훈련과 마찬가지로 정확히 효과가 나타나게 됩니다.

우선 처음의 한 부분을 서서히 차근차근 훈련해 나가면 '나'에게 들어 있던 100퍼센트의 에너지를 '친한 사람들'에게도 넣을 수 있게 됩니다. 그러면 50퍼센트 정도는 '무릇 살아 있는 모두'에게도 넣을 수 있게 됩니다.

더 계속하면 약 100퍼센트를 '무릇 살아 있는 모두'에게 넣을 수 있게 됩니다. 요컨대 '내가 행복하도록' 하고 마음속에 두고 늘 생각할 때 내는 에너지와 '무릇 살아 있는 모두가 행복하도록'이라고 말할 때 내는 에너지가 아주 똑같아집니다.

그 순간에 그 사람의 모든 정신적인 문제나 마음의 고민, 괴로움은 모두 사라져, 이 세상 속에 그 어떠한 문제도 사라져 있을 것입니다. 한 사람의 인간으로서의 정신직인 문제는 ~~거기서 끝~~납니다.

이번에는 '싫은 사람들, 나를 싫어하는 사람들'에 대해서도 염원하기 바랍니다. 최초 때와 같은 노여움은 느끼지 않을 것입니다. '무릇 살아 있는 모두'가 100퍼센트가 되면 싫은 사람에 대한 마이너스 에너지가 공전하게 됩니다. 원래 싫은 사람도 '무릇 살아 있는 모두' 속에 들어 있기 때문에 그다지 이상한 것은 아닙니다. 더 계속하면 '이 사람을 미워하면 불쌍하다. 나를 미워하고 있는 이 사람은 불쌍하다.' 하고 애정을 느끼게 됩니다.

이런 식으로 싫은 사람에 대해서도 50퍼센트 정도의 긍정적인 방향의 에너지가 생기게 됩니다.

이제 적이 한 사람도 없으니까 사회 속에서도 당당하고 진정한 왕처럼 살 수 있습니다. 인간에게 빛을 주는 리더십을 가지고 있는 것입니다.

'싫은 사람'에게도 에너지가 들어가도록 하면 이번에는 반대로 '내가 행복하도록' 하고 마음속으로 비는 것이 어리석게 됩니다. 그러는 사이에 '친한 사람들이 행복하도록'이라는 것도 공전되어 갑자기 '무릇 살아 있는 모두가 행복하도록'에서 시작하게 됩니다.

그래서 겨우 이 '자비의 명상'은 완성됩니다. 때문에 본심으로 도전하면 제법 긴 수행입니다.

마음의 프로세스는 행복을 바랄 때 자신에 대해서라면 100퍼센트이고, 친한 사람이라면 50퍼센트, 다른 사람이라면 0퍼센트, 싫은 사람이라면 반대로 마이너스로 작용하여 오히려 화를 내게 된다.

누구나 1분이면
마음을 키울 수 있다

사실은 긴 수행이지만 단 1분이라도 정직하게 하면 대단히 고도의 단계에서 마음을 키워 줍니다. 이 명상은 예를 들면, 암에 걸려도 할 수 있고 그리스도교도나 이슬람교도라도 할 수 있습니다. 만인의 마음에 듣는 약입니다.

이와 같은 가르침은 극히 과학적이며 합리적입니다. 현대인에 맞지 않는다든가, 미래인에게 맞지 않는다든가, 21세기에는 안 된다든가 하는 것은 없습니다. 종교도 관계없이 만인에게 맞습니다. 그럼으로써 '기르침'이라 말할 수 있는 것입니다.

그런데 '자비의 명상'으로 마음이 강해지면 자신이 '나'라는 독립된 개체라고 하는 거만한 마음이 사라집니다. 아울러 아주 큰 인간이 됩니다.

물에 비유해서 말하면 조그만 컵에 들어 있는 물이 아니라 대자연 속의 온갖 곳에 존재하는 물입니다. 그렇게 되어 버리면 안심일 것입니다. 마음을 치료한다는 것은, 실은 그것밖에 방법이 없습니다.

그리고 '무릇 살아 있는 모두가 행복하도록'이라는 부분에서부터 명상을 시작할 수 있을 때까지 계속하면 마음을 치료하는 것은 말할 것도 없고 대단히 위대하고 강력한 정신적 파워를 지닌 인간이 되는 것입니다.

'자비의 명상'으로 마음이 강해지면 자신이 '나'라는 독립된 개체라고 하는 거만한 마음이 사라진다.

자비의 마음으로
바이러스를 본다

　예수가 '누군가가 여러분의 오른쪽 뺨을 때리면 왼쪽 뺨도 내밀어라.'고 말한 것은 그 누구도 이의를 제기할 수 없습니다.

　이것은 언뜻 보기에 어쩐지 어리석게 보입니다. 이것과는 대조적으로 유대교에서는 '상대가 후려갈기면 이쪽도 후려갈겨라. 눈에는 눈, 이에는 이다.

　이것이 옳은 것이다.' 라고 말하고 있어서 어쩐지 합리적으로 보입니다.

　그러나 실은 '상대가 후려갈기면 이쪽도 후려갈겨라.'

는 것은 전혀 합리적이 아닙니다. 그것은 마음을 키우지 않는 보통 사람의 사고방식입니다.

예수는 구약성서의 해석을 그만두고 나는 새로운 것을 가르친다고 말했습니다. '눈에는 눈'이 아니라 '오른쪽 뺨을 때리면 왼쪽 뺨도 내밀라.'고……

'속옷을 빼앗으려는 사람에게는 웃옷도 벗어 주어라.'는 것도 그것입니다. 당시 웃옷은 모포 대신으로, 빚의 저당으로써 웃옷을 빼앗는 경우에도 밤이면 이것을 돌려주어야 한다고 했습니다. 그런데 예수는 스스로 웃옷을 내주라고 말한 것입니다.

우리들이 왜 그것을 비합리적으로 느끼고 마는가 하면 우리들의 상식과는 정반대의 것을 말하고 있기 때문입니다.

그러나 이것이야말로 성장한 마음을 가진 사람들의 말입니다. 옷을 빼앗으려 하는 사람에게 '안 주겠다.'하고 빡빡하게 구는 사람은 빼앗으려 하는 사람과 동격의 인간입니다.

마음이 성장한 위대한 사람의 입장에서 보면 그 사람들은 입을 것이 없어서 춥고 불쌍합니다. 때문에 어떻게든 속옷을 빼앗으려고 히는 것입니다.

그렇게 생각하면 상대에게 애정이 생겨서 사랑스럽게 보이게 됩니다. 그래서 '아무쪼록 이것도 가져가십시오.' 하고 말할 수 있는 것입니다. 이렇듯 성장한 마음으로 한 말이기 때문에 사람들의 마음속에 남는 것입니다.

우리는 바퀴벌레는커녕 미생물이나 세균까지 자비를 가지고 따뜻한 마음으로 볼 수 있도록 자신을 키워야 합니다. 그것이 인간의 생활태도에 대한 대답입니다.

우리는 바퀴벌레는커녕 미생물이나 세균까지 자비를 가지고 따뜻한 마음으로 볼 수 있도록 자신을 키워야 합니다.

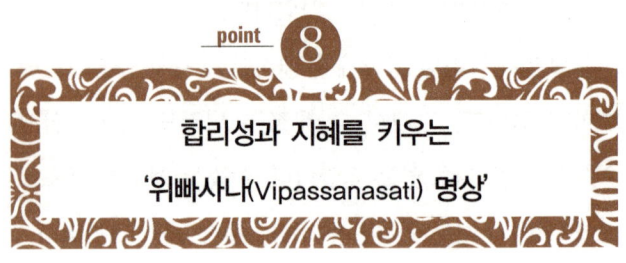

합리성과 지혜를 키우는
'위빠사나(Vipassanasati) 명상'

 이번에는 '위빠사나 명상'의 이야기를 해보겠습니다.

 본래 불교란 '뭔가를 믿는 종교'가 아니라 '스스로 각성하기 위한 실천법'입니다. 그리고 '위빠사나 명상'이야말로 석가모니가 우리들이 확실히 깨달음을 체험할 수 있도록 가르쳐 준 것입니다.

 '위빠사나 명상'은 다른 말로 '지혜의 명상'이라고 합니다. '철저하게 객관적으로 모든 것을 볼 것을 지향하는 명상'입니다. '객관적으로 볼 뿐 그것으로 깨달을 수 있다면 간단한 것이다.'라고 생각할지도 모릅니다. 그러나 생각해 보면 모든 일을 볼 수 있는 사람에게 문제가 일어나지 않는 것은 당연한 것입니다.

예를 들어 회사에서 진급했다고 합시다. 여기서 모든 일을 볼 수 있는 사람이라면 새로운 입장에서 자신이 어떻게 일을 해야 할 것인지 바로 보이게 됩니다.

반대로 지혜가 없는 사람은 '아이고, 어떻게 할까. 이런 입장이 되어서. 내가 이 지위에 어울릴까?' 라는 등의 하찮은 것으로 고민하거나 자신을 잃거나 하여 일을 할 수 없게 됩니다. 이미 진급했으니까 '어울릴지 어떨지' 따위는 쓸데없는 생각입니다.

위빠사나 명상으로 지혜를 키우면 순식간에 마음이 치료됩니다. 마음속의 '노여움과 욕심의 거친 파도'가 아니라 '차분하고 조용한 파도'가 생깁니다.

일정하게 마음의 물결입니다. 실패해도 성공해도 전혀 놀라지도 않고 의기소침해지지도 않습니다.

실패도 성공도 크게 다를 것이 없다는 것을 실감할 수 있습니다.

그 상태를 만들면 인간은 최고의 상태에서 살 수 있습니다.

현대나 옛날이나 인간에게는 원래 합리적인 지식도 없고 지혜도 없습니다. 때문에 위빠사나로 마음을 키울 필요가 있습니다.

이 명상은 석가모니가 생각해 낸 이래 2,500년 동안 우리들이 지키고 전해온 것입니다. 누구에게나 간단히 실천할 수 있는 매우 합리적인 방법입니다. 곧 효과를 실감할 수 있습니다.

뒤에서 방법을 소개하겠으니 부디 도전하여 순식간에 마음이 성장해 가는 과정을 느껴 보기 바랍니다.

'위빠사나 명상'은 다른 말로 '지혜의 명상'이라고 한다. '철저하게 객관적으로 모든 것을 볼 것을 지향하는 명상'이다.

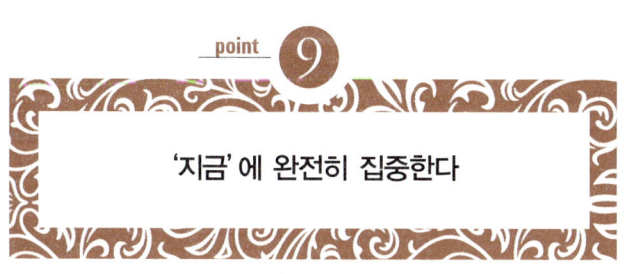

'지금'에 완전히 집중한다

위빠사나 명상의 목적은 매우 간단합니다. '다만 지금의 자신을 깨달을 것' 그것뿐입니다.

말의 의미를 약간 설명하면 '위'는 '있는 그대로, 명확히, 객관적으로', '빠사나'는 '관찰하다, 감상하다, 마음의 눈으로 보다'라는 의미입니다. 요컨대 '지금 이 순간의 자기 자신을 잘 본다.'는 것입니다. 그렇게 함으로써 자신 속에서 한순간에 일어나는 믿음이나 속박(굴레, 관계를 끊기 어려운 것)을 이해할 수 있습니다. 그러므로 '깨달음의 명상'이나 '통찰의 명상'이라고도 말할 수 있습니다.

기분 좋은 것이라도, 불쾌한 것이라도 있는 그대로의 체험을 가치 판단하지 않고 그대로 봅니다. 갈등을 폐쇄하거나 조절하려고 하여 새로운 문제를 만드는 것이 아니라 단지 깨닫는 것뿐입니다. 그러면 물결치고 있던 수면이 잔잔해지고 모든 것을 비추듯이 깊은 지혜와 통찰력이 생길 것입니다.

위빠사나 명상은 특별한 세계에 도달하거나 타인과 다른 초월적인 힘을 얻기 위한 것은 아닙니다.

미래에 이상을 그리며 거기에 도달하기 위해 노력하는 것도 아닙니다. 깨닫는 것뿐입니다. 그러나 거기에는 놀랄 정도로 심원한 세계가 펼쳐집니다.

'위' 는 '있는 그대로 , 명확히 , 객관적으로', '빠사나' 는 '관찰하다 , 감상하다 , 마음의 눈으로 보다' 라는 의미이다.

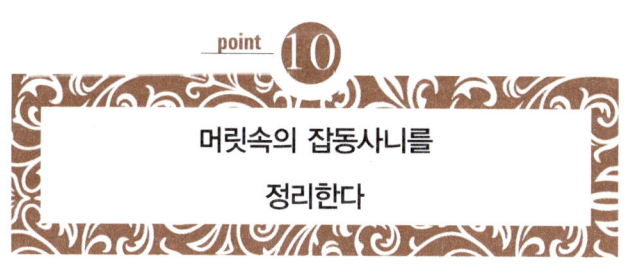

point 10

머릿속의 잡동사니를
정리한다

우리는 일상생활 속에서 끊임없이 '어떤 일'을 하고 있습니다. 그것이 무엇일까요?

우리는 순간순간 들어오는 갖가지 정보에 대해서 곧 평가를 내리거나 방어나 공격을 하거나 하여 한순간에 반응하고 있습니다.

그 결과 우리는 그 자동 반응에 막대한 에너지를 사용하여 중요한 마음 쪽은 사고나 환상 속을 여기저기 방황히면서 떠돌고 있는 상태입니다.

또 '나에게 능력이 없다.', '신비한 체험을 하고 싶다.', '병을 치료하고 싶다.', '이렇게 되고 싶다.' 등등의 여러 가지 희망이나 기대, 소망을 가지고 있습니다. 그래서 자신을 생각하고 우울해하거나 자만하거나 하며 타인을 생각하고 화를 내거나 질투하거나 합니다.

이것저것 생각하는 것은 잡동사니로 머리가 가득 차 있는 것과 같습니다. 마음속에 장소를 비우지 않는 한 지혜라는 보물을 받아들일 수 없습니다. 성장할 수도 없습니다.

'생각하면 현명해진다.'라는 것은 세상의 상식입니다. 그러나 만약 그렇다면 이것만 모두가 끝없이 생각하고 있기 때문에 이 세상은 현명한 사람만의 천국이 되어 있을 것입니다.

그런데 실제 세상은 문제투성이이고 괴로움 투성이입니다. 그 이유가 무엇일까요?

그것은 '인간의 문제는 생각하는 것 자체에 있기' 때문입니다. 실은 '인간이 바보인 것은 생각하기 때문' 입니다.

그러므로 우선 그런 사고를 멈추는 것입니다. 쓸데없는 사고를 멈추면 매우 온화하게 살 수 있습니다.

하지만 그렇게 간단히 되지 않습니다. 이렇다, 지렇다 하고 생각하는 말의 개념뿐만 아니라 뭔가를 보는 순간에 확 떠오르는 개념 역시 사고이기 때문입니다.

때문에 있는 그대로 모든 것을 보기 위해서는 사고를 멈추고 관찰하는 것이 필요합니다.

그것을 위한 궁리가 위빠사나 명상의 특징인 '실황 중계' 입니다. 생각하지 않기 위해서 '서 있다.', '몸을 비틀고 있다.', '손을 긁고 있다.' 는 등 자신의 순간순간의 동작을 머릿속에서 실황 중계하는 것입니다.

사고가 생길 여유를 주지 않도록 실황 중계를 함으로써 마음이 더러워지지 않게 하는 것입니다.

세상은 문제투성이이고 괴로움 투성이이다. 그것은 '인간의 문제는 생각하는 것 자체에 있기' 때문이다. 실은 '인간이 바보인 것은 생각하기 때문' 인 것이다.

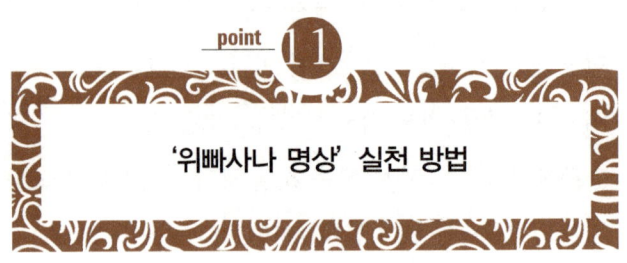

'위빠사나 명상' 실천 방법

그러면 구체적인 방법을 설명하겠습니다. 위빠사나로 지향하는 것은 '지금 여기의 동작, 행동, 감정을 깨닫는 것뿐'이니까 언제 어디서나 실천할 수 있습니다.

우선 맨 먼저 3원칙을 기억해 주기 바랍니다.

1. 슬로모션
2. 실황 생중계
3. 감각의 변화를 마음에 느껴 이해할 것

'슬로모션'은 몸을 보통의 스피드가 아니리 될 수 있는 한 천천히 움직이는 것입니다.

'실황 생중계'는 지금 자신이 행하고 있는 것을 머릿속에서 간단한 말로 확인하는 것입니다. 그것을 빈틈없이 합니다. 한순간에 잡념이 사라지고 집중력이 생깁니다.

'감각의 변화를 느끼고 이해한다.'는 것이 이런 것입니다. 손을 올리거나, 걷거나, 앉거나 할 때마다 몸의 감각은 변합니다. 뭔가를 생각할 때도 감정이 격하게 변할 것입니다. 이들의 변화를 아무 해석도 하지 않고 단지 느끼는 것입니다.

위빠사나 명상은 기본적으로는 이 3원칙 모두를 지켜 행동하는 것뿐입니다.

'이런 간단한 것으로 충분할까?' 하고 생각할지 모르지만, 그러나 '이런 간단한 것으로 깨달을 리가 없다.' 하고 생각하는 마음도 망상입니다.

그런 망상으로 몰두하는 것이 아니라 우선 해보는 것입니다. 여러 가지 망상에 방향을 잃지 않고 지금 여기에 의식을 계속 유지하고 있으면 단지 그것만으로 마음과 몸의 관계를 이해할 수 있고 차분한 심경에 이를 수 있습니다. 그리고 어느새 놀라울 정도로 마음이 성장해 있다는 것을 깨닫게 될 것입니다.

그 무엇을 깨달아도 상관없으니 집안일을 하는 도중이든 목욕을 하는 도중이든 아무 때나 상관이 없습니다.

하지만 우선은 편히 실천할 수 있는 '걷는 것', '서는 것', '앉는 것' 등 간단한 동작을 해보는 것입니다.

조만간 일상생활의 온갖 장면에서 간단히 실천할 수 있게 됩니다. 초심자는 걷는 명상이 들어가기 쉬울 것입니다.

걷는 명상

예로부터 득도한 사람은 오히려 앉는 명상보다 걷는 명상으로 성장해 왔습니다. 걷는 명상은 졸음이 오지 않고 빨리 진정되고 몸과 마음의 조화를 빨리 실현할 수 있는 실천 방법입니다.

이 걷는 명상은 30분에서 1시간 정도로 시간을 정해서 집중적으로 실천하는 방법과 일상생활 속에서 걸을 때마다 실천하는 방법이 있습니다. 물론 자신의 생활에 맞추어서 어떤 방법이든 상관없습니다.

일상생활 속에서 행할 때는 '왼발, 오른발, 왼발, 오른발…….' 하고 발의 움직임을 느끼고 머릿속에서 말로 확인하면서 보통으로 걷습니다.

집중적으로 걷는 명상을 할 때는 우선 등을 펴고 손을 앞이나 뒤로 깍짓습니다. 왼발부터 걷는다면 '왼발' 하고 머릿속에서 말하고, 왼발에 신경을 집중시켜 '올린다.' 하고 왼발을 올리고 '옮긴다.' 하고 왼발을 옮기고 '내린다.' 하고 왼발을 내립니다.

다음에 '오른발' 하고 오른발에 신경을 집중시켜 '올린다.' 하고 오른발을 올리고 '옮긴다.' 하고 오른발을 옮기고, '내린다.' 하고 오른발을 내립니다. 이것을 슬로모션으로 걸으면서 연속해서 해 나갑니다.

이것뿐입니다. 어쩌면 이 심플함에 싫증나서 머리는 어디론가 도망치고 싶어질지도 모릅니다. 하지만 그것을 극복하여 계속해 보기 바랍니다.

서는 명상
다음에 '서는' 명상 방법을 설명하겠습니다.

앉아 있는 상태에서 손의 움직임, 몸의 움직임을 실황 중계하면서 될 수 있는 한 천천히 일어섭니다. 일어서면 '등을 편다.' 하고 등을 폅니다. '손을 움직인다. 손을 짝 짓는다.' 등을 실황 중계하면서 두 손을 앞이나 뒤로 가볍게 잡습니다. 눈은 반쯤 뜹니다. 의식은 정확히 발바닥으로 향합니다.

아무것도 생각하지 말고 단순히 '선다. 느낀다. 서 있다. 느끼고 있다…….' 하고 발바닥에 집중하여 실황 중계를 계속합니다. 시간은 10분 정도면 충분합니다.

앉는 명상

마지막은 '앉는' 명상입니다. 우선 의자나 방석을 준비합니다.

그리고 '앉는다. 웅크린다. 손을 움직인다.' 등의 동작을 실황 중계하면서 편한 자세로 앉습니다. 책상다리를 할 것 같으면 '책상다리를 한다.' 하고 실황 중계하면서 다리를 포개고 '등을 편다.' 하고 등을 똑바로 합니다. '눈을 감는다.' 하고 눈을 감습니다. 세 번 정도 '숨을 들이쉰다. 내쉰다.' 하고 실황 중계하면서 심호흡합니다.

다음에 '기다린나.'라고 말하고 자신 속에 생기는 감각을 느낍니다. 하복부에 집중해 봅니다. 호흡에 맞추어서 하복부가 움직이는 감각을 느낄 것입니다. 느끼면 그 감각을 '부풀렸다. 줄였다.' 하고 실황 중계합니다.

그것을 계속하면 몸에 '통증', '마비' 등 마음에 걸리는 감각도 나타나게 됩니다. 그것을 '통증', '마비' 등의 말로 계속 확인합니다.

그리하면 반드시 자신의 마음에 잡념이 끼어들어 오는 것을 알 수 있습니다. 이것은 곧 '망상, 망상, 망상' 하고 3번 실황 중계하여 차단합니다. '잡념', '졸음', '초조함' 등 마음의 감각도 실황 중계합니다. 어느 하나의 것에 집중할 필요는 없습니다. 있는 그대로의 상태를 실황 중계합니다.

'앉는' 명상은 자신의 페이스로 15분에서 45분 정도면 좋습니다. 무리하게 오래 앉아 있을 필요는 없습니다.

명상을 마칠 때는 하나하나의 동작을 정중히 실황 중계하면서 '마친다.' 하고 정확히 확인하고 마칩니다.

착실하게 실천하는 사람은 아주 짧은 시간이라도 마음이 변해 가는 것을 깨닫게 될 것이라고 생각합니다.

위빠사나 명상은 기본적으로는 3원칙(1.슬로모션 2.실황 생중계 3.감각의 변화를 마음에 느껴 이해할 것)을 지켜 행동하는 것뿐이다.

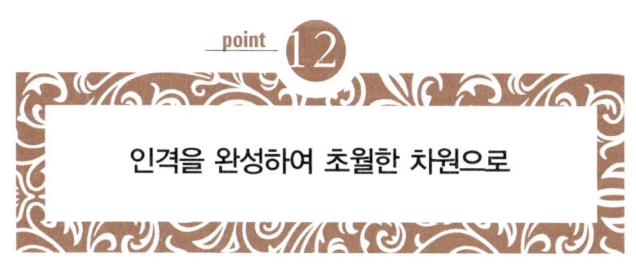

인격을 완성하여 초월한 차원으로

왜 학교나 회사가 있기에 편한 장소가 되지 못하는 것일까요. 최근에는 경쟁, 경쟁만으로 모두가 즐겁게 사는 것을 잊어버리고 있는 것처럼 보입니다. 항상 싸우지 않고서는 안 되기 때문에 회사에 가는 것도 학교에 가는 것도 즐겁지 않습니다.

하지만 어디에 가도 인간이 있기 때문에 사이좋게 지내야만 합니다. 있기에 편하고 즐거운 분위기를 만들려고 하면 얼마든지 만들 수 있을 것입니다.

이해할 수 없는 일이지만 일부러 불쾌한 분위기를 조

성하는 사람도 있습니다. 서로 신경을 바싹 곤두세워서 항상 뭔가 마음에 들지 않고 걸핏하면 누군가를 싫어하거나 미워합니다. 현대 사회는 정신적인 병자를 만드는 체계로 되어 버렸는지도 모릅니다.

'자비의 명상' 항목에서도 설명했지만 우리들은 서로 도움으로써 살 수 있습니다. 이것은 결코 잊지 않기를 바랍니다. '모두 사이좋게 지내자.' 라는 자비의 마음은 도리에 맞는 것입니다.

인간이라는 것은 누군가와 함께 있으면 즐거운 법입니다. 가족이 함께 있으면 즐거울 것입니다. 집에 돌아오면 집이 따뜻해져 있고, 모두가 '이제 돌아오세요?' 라는 인사를 받으면 기쁠 것입니다.

그것은 인간이기 때문에 맛볼 수 있는 즐거움입니다. 그 행복을 지금 바로 밝은 마음으로 맘껏 맛보기 바랍니다.

인간이라는 생명에는 자비와 합리성의 쌍방이 필요합니다. 한쪽만으로는 균형이 잡히지 않습니다. 합리적이고 자비의 마음에 넘친 인간은 아름답고 인간으로서 완전합니다. 그렇게 되기 위해서 우리들은 이 '자비의 명

'상'과 '위빠사나 명상'을 함께 전하고 있는 것입니다.

인격적으로 아무런 문제도 없고 완성이라고 말할 수 있는 데까지 마음을 키우는 것은 대부분의 인간이 할 수 있다고 생각합니다.

그런 사람들은 매우 행복하게 살 수 있습니다. 사회에서 아무런 문제도 일으키지 않고 사회에 이미 있는 문제도 간단히 해결합니다. 마음에 여유가 생기게 됩니다.

그 여유를 사용하여 다시 명상을 계속합니다. 그렇게 하면 서서히 세상의 진정한 모습이 보이게 됩니다. 진리를 발견하고 마음이 자연히 해탈에 이릅니다.

그리하여 '인간을 초월한다.'고 하는 초월한 차원에 도달할 수 있는 것입니다.

행복은 지금 이 순간에도 가능합니다.

인간이라는 생명에는 자비와 합리성의 쌍방이 필요하다. 한쪽만으로는 균형이 잡히지 않는다. 합리적이고 자비의 마음에 넘친 인간은 아름답고 인간으로서 완전하다.

신선희 옮김
연세대학교 국어국문학과 졸업.
역서로 『나만의 웰빙을 위한 비타민』 『부자인생 가난한 인생』 『부하를 내편으로 상사를 내 마음대로』
『마취(상, 하)』가 있다.

장운갑 편역
국어국문학과 졸업. 프리랜서로 활동중이다.
저서로는 『행복한 여행』 『행복이 담긴 선물』 등이 있으며,
편역서로는 『세상에서 가장 유명한 사람들』 『세상에서 가장 유명한 이야기』
『하루의 행복』 『화를 다스리면 인생이 달라진다』 등이 있다.

나를 다스리는
마음 처방전

2010년 7월 10일 1판 1쇄 인쇄
2010년 7월 15일 1판 1쇄 발행

펴낸곳 | 동해출판
펴낸이 | 하중해
지은이 | 알루보물레 스마나사라
옮긴이 | 신선희
편 역 | 장운갑
마케팅 | 홍의식
디자인 | 하명호
주 소 | 경기도 고양시 일산동구 장항1동 621-32호 (410-380)
전화 | (031)906-3426
팩스 | (031)906-3427
e-Mail | dhbooks96@hanmail.net
출판등록 제302-2006-48호
ISBN 978-89-7080-196-4 (03150)
값 6,000원